認知症の「私」が考えること 感じること

高齢者介護施設の現実と希望

村田光男

けやき出版

認知症の「私」が 考えること 感じること…目次

はじめに　4

第1章　現　実

第2章　現実を変えられるか

第3章　高齢期を幸福に生きる人々

資料編

はじめに

平成12年4月に始まった制度の1つに成年後見制度がある。介護保険制度と同時期に始まった制度だが、11年が過ぎ、ようやく人々に知られるようになった。私は成年後見人として、この11年、認知症の高齢者が入居する様々な介護施設の現状を見聞することができた。

高齢者に敬意を持つことなく法律で決められた限定的な介護サービスを淡々と提供するにとどまる施設と、高齢者に敬意を持ちつつ法律の限定的な介護サービスの枠を超えて高齢者のいのちと文化を守ろうとする施設が両極端に存在している。また、施設の中の人間関係を注視する施設とそうでない施設がある。入居者どうし、また入居者と職員のそれぞれの人間関係の調和に配慮しない施設は、ただの収容施設に見えることもある。限られた財源と人員で必死に人間関係作りに挑戦する施設は多いとは言えないが、存在している。みずから人間関係を作り上げるには、体力と意欲に欠ける高齢期ほど、人間関係支援が重要である。なぜなら、人間の喜びのほとんどは、人間関係の中から生み出されるからである。

介護施設入居前の高齢者は終の住処に期待を寄せる。当然のことだ。しかし、そうした高齢者の多くに現実が立ちはだかる。施設にあって「早く死なせてください」と訴える高齢者がいる。最も幸福であらねばならない高齢期に立ちはだかる現実の一端を、高齢者のプライバシーに配慮しながらご紹介する。

なお、このレポートは、様々な介護施設における問題点を、1つの仮の施設において凝縮させてレポートしたものであることをあらかじめお断りしておきたい。男女の別がわかるように下のお名前のみとし、敬称は略させていただいた。もちろんお名前は仮名である。

2011年　4月

村田光男

第1章　現実

高齢者施設においては、無機的な社会関係の中で、高齢者自身がたどった歴史や時々の思いがかえりみられず、無彩色の世界が広がる場合がある。無機的とは無機物、例えば金属のように生命の感じられないさまをいう。

夜明け

ここは有料老人ホーム。軽重の違いはあるものの、26名の入居者すべてが認知症の高齢者だ。

午前8時、朝日は雲間に消え、すっかり曇天となった。

この施設は2階建てだ。新築当時は真っ白な建物だったが、今は汚れが目立つ。1階が居室と食堂。居室のすべてに小さな庭が付いていて、何を植えてもいい。玄関は2階にある。入るとすぐに事務室がある。その奥には接客室、そして親族が宿泊できる部屋がある。さらに奥には図書室、談話室、喫茶室、テレビルーム、パソコンルーム、そして洗濯室が備わっている。喫茶室では、夜になるとお酒が飲める。但し、量に決まりがある。自室にテレビを持つ入居者が多いものの、テレビルームが2室ある。そのテレビは42インチの大画面だから、皆ここでテレビを見る。様々な設備を整えた理由は、交流のためだ。人の交流がなくなったときが最も危険なときだとこのホームでは考えている。しかし、設備に恵まれた施設だが、すべての設備を活用して、人の交流を日常化させる技能と余裕を持った職員がいない。

1階の庭の前方50メートルには、幅100メートルの1級河川が山に降った雨水をゆっくりと運んでいる。すべてを受け止めるかのような、静かな幅広の川面だ。

部屋はすべて40平方メートル。一般のホームよりも広めで、使い込んだ家具を少々持ち込んでも大丈夫だ。春子は、四季折々の花を楽しむために、様々な草や木を植えている。水仙、蠟梅、桜、牡丹、石楠花、アガタマノキ、黄木蓮、ユウスゲ、百日紅、金木犀などだ。春子は、香りのいい植物が好きだ。

「春子さん、ごはんですよ」まどろむ春子に、職員Aが告げた。

「春子さん、ごはん」

「あ・・・り・・が・と」

春子が食堂に行くと、すでにいつものメンバーらしき人たちが食卓を囲んでいた。春子にとっては、あくまでもメンバー「らしき」人たちでしかなかった。皆もそう思っているに違いない。

「誰なの」春子は自問した。名前を思い出せない。思い出せない春子はその「誰」に笑顔を送った。相手の政子は、会釈はしたものの、笑顔の返礼はなかった。お互いにお互いの名前を思い出せない。かつて名前を聞いたことさえ忘れてしまった入居者もいる。それはそれでいい、問題などないと春子は思っている。ただ、そんな入居者のために、食堂のテーブルには、それぞれの名札が置かれている。春子、花子、政子、真子…

春子が席に着いた。

「いただきます」と春子。

「どうぞ」と誰かが言った。

春子は顔をあげた。花子、政子、真子、皆、下を向いたまま食事をしている。

「誰だろう…誰でもいい…」

目を食卓に移すと、味噌汁に2センチ角の豆腐が5個沈んでいた。数えることができるほどの豆腐。味噌汁は上下に分離している。箸を入れてかきまぜると、味噌の渦巻きができ、白っぽい豆のかすが浮かんできた。そして、豆腐もいくつか浮いた。その脇でワカメがゆらゆら漂っている。すでに味噌汁は冷めていた。

豆腐とワカメの舞踏会。豆腐は夫で、ワカメは私、いや、私が色白の豆腐で夫が黒いワカメ。春子にはそう思えた。

「私はワカメに追いかけられているわ。…ふふ…」

「どうしたの、春子さん」職員Aが聞いた。

「ふふ…なんでもないわ…夫がワカメだなんて…悪い私…」

春子のいつもと変わらない、何の刺激もない一日が始まった。

椅子

春子より遅れること20分、龍男が食堂に入ってきた。杖をついている。いつもの席に向かった。白髪に櫛目が入り、和服の襟元に乱れはない。袴こそ履いてはいないが、風格がある。いつも和服だ。龍男が食堂の入口から中に進んだ。玄関のほぼ真下が食堂の入口だ。
ドン…ドン
「誰？　やかましいわね」春子は思った。
ドン・・ドン・・ドン
杖の先を木の床に激しく突き立てる音だ。
そして…
ドン・ドン・ドン
さらに
ドンドンドンドンドン

何事か？　食堂に緊迫感が走った。

「なぜ、あんたが座っているんだ」

あんたと呼ばれた花子は答えない。

「…」

「なぜ黙っているんだ」

「…」

怒る龍男の声は食堂に鳴り響いた。あわてた職員Bが小走りに駆け寄った。

「龍男さん、申し訳ありません。花子さん、こちらへどうぞ」

花子は相変わらず何も言わない。

「…」

「そこは、わしの席だ…」

花子は職員Bとともに、花子の指定席のある春子たちのテーブルに移動した。

「強い人間になってほしいと思い殴って育てた息子は、大学の卒業式の日、10年ぶりで口をきいた。息子が言ったことは…俺はあんたが嫌いだ、だった。息子は家を出て行った。女房は息子が大学を卒業した年に死んだ。心臓麻痺だった。苦労をかけた女房だった。私を待っていてくれる人はいなくなった。だから家を売ってここに来た。40平米の部屋にね。この部屋以外に私を待っていてくれるのは食堂の椅子だけだ…自分の部屋を出た後は、その椅子だけが私を待ってくれている…」龍男はそんなことを思っていた。

龍男の指定席は、窓際のテーブルの中央の席だ。それも、窓側ではなく、川を見渡せる側の席だ。自分のテーブルに移動した花子は、その日、ただ川を見たかった。理由などなかった。テーブルは、4人掛けが5セット。6人掛けが1セット。したがって、椅子は26脚ある。花子の行動はいつものことだった。たまたまその日は龍男の席に座ってしまった。

「そんなに怒ることではない。大人気ない話だ」と春子は思った。

「花子の行動は予測できる。職員が気づけばよかった…。職員も怠慢だ」とも思った。しかし、春子は職員に文句は言わなかった。職員に嫌われるのを恐れた。これから先、死ぬまで世話になる。これまでの春子の人生とは何の関わりもなかった他人のことで自分が差別待遇を受けるのは、ごめんこうむりたかった。

翌朝。

春子が食堂に入り、いつもの席に向かうと、春子が目指した席には花子が座っていた。

タン・・タン

タン・・タン・・タン

スリッパで木の床を叩く音が食堂にこだました。かかとを浮かし、スリッパのかかと部分を床に打つ音だ。

「なぜ、あなたが座っているんです」

「…」あなたと呼ばれた花子は答えない。

「なぜ私の席に座っているのっ」

「…」

怒る春子の声は龍男のテーブルにも聞こえた。あわてた職員Bが小走りに駆けよった。

「春子さん、申し訳ありません。花子さん、こちらへどうぞ」

花子は相変わらず何も言わない。

「そこは、わたしの席です…」

職員Bは花子を、春子の席の向かいの、花子の指定席に誘導した。

「そんなに怒ることではない。同じテーブルの人じゃないか。大人気ない話だ」と龍男は思った。龍男は、春子の歴史を知らない。春子にも春子の指定席を守らなければならない歴史があった。

たかが座席のことだ。しかし、自分がいつも座っている席が他人に占領され、自分の席がなくなることに、龍男も春子も敏感だった。おそらく、花子以外は全員敏感なはずだった。自分の席は、自分の存在。自分の席が奪われることは、自分の存在が奪われること。そんな感覚を持ちながら、皆、この施設で生きている。食堂は家族団らんの場ではない。入居者にとっての食堂は、社会そのものだ。その社会に対峙するとき、決まった席がどうしても必要だった。居場所が何としても必要だった。終の住処において居場所を死守しなければならない高齢者。最後の場所だからこそ譲れない。譲ったあと、誰が自分を守ってくれるというのか。たとえひとりの職員が守ってくれることがあったとしても、いつの日にかいなくなる可能性のある職員に、自分のいのちを託す気持ちにはなれない。その気持ちは、当事者でなければわからない。

この施設で生きる人たちは、それぞれが思い起こすこれまでの長い人生のひとコマにさえ登場しない初めての人たちだ。全く新しい人的環境である。最後の居場所が、人間関係に気苦労の多い場所だとは何ということか…。

食　堂

4人掛けのテーブルが5卓と6人掛けのテーブルが1卓。したがって、テーブルごとの6つの社会関係が食事中に展開する。

春子と花子は同じテーブルだ。春子と花子の他は政子と真子がいる。花子はめったにしゃべらない。そもそも、花子には春子が何者なのか、そして春子以外の2人も何者なのか、全く知らされていない。「個人情報だから」というのがホーム の言い分だ。しかし、それでは会話も弾まない。

「個人情報ですから、お話しできないんですよ」以前、ホーム長が言った。

「個人情報だとなぜ話せないのかね」春子はそのとき思った。

「どこのどなたさんか分からない相手に話すことなどない。高齢になるまで生きてきて高い入居一時金を払ったのに、どこのどなたさんかを、こちらがへりくだって聞かなきゃならんのかね」とも思った。

「どこのどなたさんかは施設がわかっていることだ。どんな人柄か、どんな生きざまの人か、どうしてこの施設に入居することになったか、施設が本人からお聞きし、皆に話していいかどうかの了解を取ればいいことだ。本人が話すな、というならばいたしかたないが…」

春子は反論したい思いだった。春子のテーブルは、いつも話し声がなかった。たくさんの時間を積み重ねてきた者どうしが、同じテーブルでただ黙々と食べるだけの毎日。


「あら、そうですの」

「そうなんですよ。あなたと同じ新潟の出身ですのよ」

「新潟のどちらですの」

「…長岡です」

「花火の有名な長岡ですか。私は新潟市。海は荒海向こうは佐渡よ…。新潟の海辺の近くです」

「…そうですの」

隣のテーブルから、そんな朝子と雪子の会話が聞こえてきた。

「誰か私に話しかけてはくれないものか…」

春子は待ち望んでいた。春子と同じテーブルの政子も真子も黙って食べるばかりだ。

「この3人。何が楽しくて生きているのかしら…この食事、そんなに美味いかね…」春子は不思議だった。

「でも、私も楽しみなんかないわね。それはあんたたちと同じかもしれないね。しかし、私には、黙々と食べるほどの食事だとは思えないね」春子はわが身を振り返った。

「花子さん。お薬、飲みましょうか」

食事が終ると、職員Cが薬を持ってやって来る。ひとりひとりに介助する。薬が不要な人など、どの施設にもいないだろう。食事を始めてから、職員の「薬を…」の声掛けまで、何の会話もない春子のテーブル。

隣のテーブルの朝子と雪子の話の続きだが…

共に故郷が新潟であること、夫と死に別れたこと、兄弟姉妹はいるものの面会には来ないこと、そして、子どもがいないことが同じだというところまで話が進んでいた。

「天気の良い日に、散歩、ご一緒しませんか」と朝子。

「ぜひ」と雪子。

そのとき、職員Cが薬を持ってやって来た。

「お薬、お飲みくださいね」と職員。

薬を飲んだ朝子と雪子は、そのまま自室に戻った。話はそれまでだった。

朝子も雪子も、自室で何をするわけでもなかった。見たいテレビがあるわけでもない。2人ともひたすら働いてきた。趣味を持つゆとりはなかった。だから、何もすることがない。9時になれば眠りについた。そして朝が来て、また夜が来る。何もない生活が続いていく。

「1000万円も入居金を払ったのだからもっと楽しいと思ってた…私のことを考えてくれる人がほしい。家族のようなそんな人。ホームでも、カラオケの時間やお花見会はある。でも、私のことをわかってくれている人とのカラオケやお花見ではない。素性のわからない、見知らぬ人とのカラオケでは、心の底から楽しいというわけにはいかない」

朝子は真っ黒な川面を見つめながら思った。雪子との話は社交辞令に過ぎなかった。

「ひとりぼっちの入居者だから、お互い分かり合えると想像していたけれど、こんなに赤の他人だと感じるとは思わなかった」

雪子は真っ黒な空を見ながらつぶやいた。朝子との話は社交辞令に過ぎなかった。

3日後に快晴となった。しかし、朝子と雪子が一緒に散歩することはなかった。散歩の話を2人とも覚えていなかった。覚えていたのは、むしろ春子だった。

「快晴だ。職員が2人を連れていけばいいのに」春子は思った。

ささやかだが、永年生きた人どうしが気遣いながらかろうじて作り合った社会関係だ。職員の無関心に春子は腹が立った。

「私も散歩をしたいね。誰か誘ってくれないかね」春子は思った。

かといって、見ず知らずの政子と真子に声をかける気にもならなかった。

「郷里も違う気がする。話が合いそうもない」踏み出せない春子であった。

職員は気ぜわしく働いていた。

食　事

施設の悩みの1つに、食事の献立と味の濃淡がある。これには神経を遣う。関西出身者と関東北出身者では味覚が違う。東北出身者もまた違う。さらに、関東出身者だからとて同じではない。しかし、26人26通りの味付けというわけにはいかない。そんな手間はかけられない。そんな人件費はどこからも出てこない。

それぞれの入居者の味覚に合わないおかずがしばしば登場した。メニューが豊富で、選ぶことができればそれに越したことはない。塩分の具合も選べるならば、なおよい。しかし、限られた予算、限られた職員。そうはいかない。

「神経を遣っているというなら、大方の入居者が喜ぶ献立と味付けにしてもらわないとね」

春子は小さくつぶやいた。

「たっぷり入居金を払っているんだからね」とも思った。

しかし、施設には施設の言い分があった。

土地の購入費用と建物の建設費用。資金が足りず、建物を借りている施設も多い。また、ベッドや机に椅子などの家具代、準備段階の人件費、通信費、事故発生時の賠償保険に職員の傷害保険など、様々な経費がかかっている。26人収容の有料老人ホームといっても総費用は数億円。入居者からは1000万円以上の入居金を出していただく必要がある。

「春子さん…朝食です。どうぞ」

「鯖の味噌煮…ホウレン草のお・ひ・た・し…たくあん…ジャガイモとモヤシの味噌汁…」

と、春子は自分にしか聞こえない声で献立を確認した。

「ホッケの開き…里芋と大根の味噌汁…」

春子には、昔、夫とよく食べたホッケの開きの姿が浮かんだ。

「あのホッケはいつ食べても脂がのっていた。うまいうまいと夫婦で言ったね。高級な魚とは言えないけれど、夫の嬉しそうな顔を見る私は幸せだった。どうということはないけれど、日常の中の味わいのあるひとときだったよ。夫は面白いことを言ってたね。君は、ホッケの味と鯛の味を俺にわかるように区別して言えるかい、なんてね。私が言えない、と答えると、俺は言えるようになりたい、って言っていたね。夫も言えないってことだよね」

思い出の中で夫と対話している春子がいた。

「何を食べたいか、聞いてくれないね…」

「夫は、何を食べたいか聞いてくれたよ…ホッケを焼くことさえしなかった夫がね…」

「朝、たまにコーヒーを飲んだね…2人でね」

「ベランダに尾長鳥がよく来て、冬は鉢植えのミカンをつついていた」

「お前のような大きな鳥には食べてほしくないと思ったんだろうね。夫は立ちあがってガラス窓を叩いた。立ちあがりざまにコーヒーがこぼれたことがあった…私が拭いて、ミカン、尾長にも食べさせたらと言ったら、そうだなとあの人が言った…」

「そうそう、夫はゴマをよく食べた。それもすりゴマだった。白ゴマと黒ゴマを買いそろえておいてくれといつも言っていたっけ。味噌汁にも入れていた。白ゴマをね。黒ゴマは味噌汁には合わないと言っていた。黙って私の味噌汁に白ゴマを振りかけていたわ。私は美味しいとは思わなかったけれど、なんだか嬉しいひとときだった」

「つまらないこと…思い出しちゃった」春子は微笑んだ。

花子はひとり黙々、鯖の味噌煮をつついていた。身がほぐれ、その身が甘じょっぱい味噌に混じる。混じった身を寄せて箸で口に運ぶ。煮魚は助かる。身をほぐしやすい。だから花子は煮魚が好きだ。

「鯖の味噌煮をつついている。尾長みたいだ…ふふ…」春子がひとりで微笑んだ。

「ここに夫がいれば…鯖の味噌煮じゃなくてホッケがいいな…」

翌日。

「春子さん…朝食ですよ…」

細めのメザシが2匹、皿の上でそっくりかえっていた。

「ずいぶんスタイルのいいメザシ…。ホッケじゃなかった」春子は思った。

ジャガイモとモヤシの味噌汁は、玉ねぎとカボチャの味噌汁に代わっていた。気配りなのか、少し時間がたっているのか、すぐに飲めるほどの温度だ。

「熱い味噌汁が飲みたいわ…」春子が少し大きめの声で言った。

席替え・その1

朝子と雪子が散歩の約束を忘れたとはいえ、会話が進めば楽しかろう。

春子のテーブルは悲惨としか言いようがなかった。忘れる会話すらなかった。春子と同席の花子と政子と真子は相変わらず何も話さない。共通の話題が見つからなかったのではなく、そもそも探そうともしなかった。

しかし、もっと静かなテーブルがあった。

福子と嘉子のテーブルは6人掛けだ。しかし、いつもこの2人しかいない。他の一男、慶子、香子、勝子の4人はどうしたのか。

朝、昼、晩と3食とも、食事の時間になると、4人は自室から出てこない。食事の時間帯以外には、この4人、一緒ではないが、それぞれ廊下を歩いたり、花壇に出たりして、その身を外部にさらしていた。職員と話すこともあった。

一男は思っている。「食事のときくらい、楽しい気持ちでいたい。入居者に気を遣うのはごめんだ」

慶子も香子も勝子も同意見の様子だ。4人は誰かに会いたくないらしい。会いたくない相手がそれぞれ違うようだった。しかし、席替えの希望は出なかった。この4人はあきらめていた。「誰だって一緒だ」と4人はそれぞれ思っていた。高齢になるまで生きてきた者どうしで、お互い進んで譲り合うことなど奇跡だと考えていた。しかも、皆が認知症に罹患している。お互いに、思いやることは難しい。自分に良くしてもらいたいだけだ。これが調和しない彼女たちの一致した感性だった。

かなり以前のある朝、6人は同じテーブルに座り、朝食を取りはじめた。

「お醤油、取っていただけますか」慶子が言った。

「…」醤油の入った小瓶に一番近い福子は動かなかった。聞こえていなかった。

「お醤油…取っていただけますか」もう一度、慶子が言った。少し声が低くなった。

「…」福子以外の4人も反応しなかった。4人は福子が取ってあげればよいと思っていた。

「なんていう人たちなの。常識がない」慶子は憤った。

醤油を取ってくれなかった、私にだけ挨拶をしなかった、私には散歩を誘わなかった、家族が持参した土産のおすそわけが私にはなかった…そんなことが食事時にテーブルにつかない理由だった。老人ホーム入居前は「よく気の付く方」「思いやりのある方」「ご近所付き合いのいい方」「ステキな方」だった方々は、老人ホームという社会の中で戸惑い、困惑し、あきらめていく。

施設の中の人間関係は、施設を一見しただけではわからない。人間関係は心の中の問題だから外からは見えない。施設自体は静かなところが多いものの、入居者の心の中は騒がしい。残存能力が高い入居者にとっては、厳しい社会だとも言える。調整役が必要な世界だ。職員が調整役をつとめる能力を持っていることは、施設環境におけるバリアフリーや食事の美味しさに匹敵するほどの価値を持つ。調整役の存在は、施設の質を決定づける重要な要素だ。職員は、問題を察知し、職員どうしで協議して対応策を選択し、そしていち早く実行し効果を上げる、そういった力量が施設では不可欠だ。

施設の一大行事が席替えである。なぜ「一大行事」なのか。席はその人の存在そのものだからだ。なぜ席を替えるのか。職員は「気分転換です」と言い訳するが、席替えの目的は、気分転換などという生易しいものではない。座席を替えてほしいと思っている切実な入居者がいるからだ。

他方で、席替え反対派もいる。その代表格は龍男だ。窓辺の席を移動したくなかった。同じテーブルの入居者が誰かなど関心がなかった。

春子は席替え賛成派だ。賛成が多数派だった。会話のないテーブルなどこりごりだ。80を過ぎて毎日毎日気遣いするなどまっぴらだ、そう思う人が多かった。

さて、席替えといっても、誰と誰を組ませるか。26人しかいない施設では、職員が頭をかかえる仕事だ。

「ご入居者の皆様の人間関係をよく把握していないとだめなんです」と職員Dは言う。

人間関係、と職員は言うが、積極的に入居者どうしの人間関係を作る入居者などいなかった。「人間関係というものは、もともとやっかいなものさ。できることなら、深入りせずに平和に暮らしたいね」春子の口癖だ。

裏切りが多すぎるということなのだろう。せっかく良好な関係を築いても、その関係が別の利害関係によって壊される。人間関係は、裏切りの視点で眺めると、極めてわかりやすいのかもしれない。しかし、それでは寂しい。うわべだけでもいいから、自分に注目してほしい。感謝し合える関係が作れたら最高だ。嘘でもいいから、自分が生きてきたことを少しでも評価してくれる人がほしいと思いつつ、人間関係は煩わしいと思っている。人間はやっかいな生き物だ。

「私は、そんなやっかいな生きものでいたくないのさ。あと何年生きられるかわからないのに、私自身がもともと面倒なことだと思っている人間関係とやらを作ることなど、もうこりごりだよ」春子がつぶやいた。

自分に都合の良い場面で人間関係を作り、自分に都合の悪い場面で人間関係を消していく、そんな世界を突き抜けた、生き地獄と正反対の現世を過ごしたい、春子はそう思っているようだった。

入居者26人は、80歳前後から90歳前後の人たちだ。その人たちは、そもそも積極的に新たな人間関係を作る意欲など持ち合わせていない。これまで我慢して生きてきた。今さら我慢して人間関係など作りたくないはずだ。

席を替えれば替えたで、その後、新たに困った人間関係ができてしまう。施設の思惑通りにはいかない。人間関係作りに施設が積極的に苦心しない限り、少しでも良好な関係作りなどありえない。これまで一切関係のなかった入居者だ。相手の歴史もわからない。こちらの歴史も理解されていない。明日亡くなるかもしれない相手だ。作った人間関係の成果など何も期待できない者どうし、社会的立場と体力と意欲の、すべてにわたって減退した者どうしの人間関係作りは、当事者に任せてもできるはずもない。

今日の友は明日の敵に近いことも起きる。刻々、入居者の施設内人間関係は変化していく。意図してではなく結果としてできあがる人間関係ゆえに、職員は予測できない。朝昼晩と一緒に食事をしない職員にはわからないこともある。一男、慶子、香子、勝子のうち、慶子は席替え直後に食堂に姿を見せなくなった部屋食組の筆頭格だ。

席替え・その2

和子は虚弱体質だ。それでこの施設に入居した。和子のテーブルは龍男と同じだ。ここには他に時子と民子がいる。和子はこれまで3人とトラブルもなく仲良くやってきた。話こそしないが、問題はなかった。しかし、最近、龍男の咳払いが気になりはじめた。

「龍男さんは最近、よく咳払いをするんですよ」和子が職員Bに話しかけた。

「そうですか」

「何か具合が悪いんでしょうか」と和子。

「明日お医者様の検診日ですので、先生に聞いておきます」

和子が気になっていたのは龍男の体調ではなかった。咳払いに何か特別の意味があるのかないのか、それが知りたかった。

数日後、和子は職員Bから言い渡された。

「和子さん。しばらく部屋食になさってはいかがですか」

何かもやもやしていた和子は、「わかりました」と答えた。

和子は、龍男に何か気にさわることがあるなら、しばらく部屋食にして様子を見ようと考えた。

ところが、その直後、和子は職員Ｂから、「和子さんのお席は、朝子さん、雪子さん、敦子さんのテーブルになりました」と聞かされた。朝子、雪子、敦子のテーブルは、冬子が退所し欠員が出たことから３人だけになっていた。和子による事前の了解のない席替えだった。なお、冬子の退所についてはあとでお話しする。

「私は龍男さんの様子を見るためにしばらく部屋食にすると決めましたが、席替えを希望したことはありません。なぜ、席替えをしたのですか」和子は職員Ｂに問うた。

「…」職員Ｂは答えなかった。

「あなたが答えられないのなら、ホーム長に伺います」和子は憤りを隠さなかった。

座席は入居者の存在そのものであることは、花子が龍男や春子と起こしたトラブルから明らかだ。またまた、座席に関するトラブルが発生した。今回は、施設側の一方的な座席替えが、和子に施設に対する不信感を抱かせたことがきっかけのトラブルだった。

有料老人ホームには、賃貸住宅とは全く異なる特殊性がある。それは、入居一時金の高さだ。高いものは５千万円を超え、安いものでも数百万円だ。高齢者は、一大決意をしてこの一時金を支払い入居する。持家をそのまま維持し続けるケースは少ない。自宅を売って一時金を作る。自宅のない人は、預金を大きく取り崩して作る。一度入居した老人ホームから別の老人ホームに住み替えることはまず経済的に不可能だ。一度入居した老人ホームでの平穏な生活は死守しなければならない。

そのような老人ホームにおいて、他の入居者と顔を合わせる機会は、食事である。

「誰と食事をするか、その不安がおわかりですか」和子はホーム長に訴えた。

「龍男さんは何も語ってはいただけませんが、同じテーブルの時子さん、民子さん、そして和子さんの、どなたかを嫌っておいでのようです」とホーム長。

「どうして私の席を移すのですか。どうして時子さん、民子さんではなく私なのですか」と和子。

「申し訳ございません。和子さんが部屋食に切り替えられたので、和子さんが龍男さんを嫌っておいでかと推測した次第です」とホーム長。

「なぜ私の気持ちをお聞きにならずに、一方的にお決めになったのですか。仮に私が龍男さんを嫌いだとしても、どうして私が席替えの対象になるのですか。龍男さんを席替えの対象になぜしないのですか」和子がはっきりとした口調で詰めよった。

「申し訳ございません」ホーム長に分はなかった。

和子の席替えをすれば、和子が龍男、時子、民子の誰かを嫌っていると龍男、時子、民子に思われる可能性がある。龍男、時子、民子に何の説明もせずに席替えをすれば、今後、和子は龍男、時子、民子と良好な関係を築くことが難しくなる。少なくとも、和子が龍男、時子、民子を嫌っていると思われた関係は残ってしまう。和子が懸念したのはそのことだった。この老人ホームで死ぬまで生活をしなくてはならない。3食、この建物の中で取らなければならない。経済的に貧困というわけではない、ホーム内で暴力があるわけではない、職員からの極端なネグレクトもありえない。あるとすれば、入居者どうしの、言葉の暴力や無視など、いわゆるいじめである。ここは26名定員のホームだが、仮に300名定員のホームであっても、いくつかの区分けがあるので、結局は数十名の入居者との関係が重要になる。和子は、入居者の精神生活への配慮のなさに、失望を隠せなかった。

たかが座席。しかし、その座席をめぐってくりひろげられる、入居者の心をナイフでえぐるようなトラブル。その凄まじさは、座席が入居者の存在そのものだからだった。

しかし、90歳前後の人たちが、座席ひとつにここまで執着しなければならない施設のありようは尋常ではない。施設内の人間関係が高齢者を不安にし、認知症をより進行させ、せん妄など、別の精神症状を引き起こす。人間が共生する社会における最もやっかいな問題を、最後の楽園であるべき高齢者施設が内包している。それは高齢者を日々悩ませる問題だった。

無理解

春子のテーブルに政子がいる。政子は、今は話さなくなった。

半月前のことだ。政子が入居した直後のことだった。

「おはようございます」春子は政子に声をかけた。

「おはようございます」政子は応じた。

朝食が始まった。

「政子さんはどちらからご入居なさったの」

春子の社交辞令だった。へりくだり様子伺いをするなどまっぴらごめんの春子の、精一杯の朝の挨拶だ。

「中央区からです」

「ひょっとして…銀座ですか」

「はい」

「そうでしたか」銀座かと聞いておきながら、だから何だと春子は思った。

「どんなお仕事でしたの」春子は続けた。

「夫がアルバム職人をしておりまして…」

「職人さん…銀座で?」

「はい」

「旦那様は今も職人さん?」

「いいえ、50年前に亡くなりました」

「銀座のどちらですの?」

「松屋の近くです」

「今は、どなたがやってらっしゃるのですか」

「そこは売りました」

「売ったのに、政子はどうして中央区銀座から来たと言ったのか?」春子はいぶかしく思った。

「そこは今どうなっていますの?」

「スペインレストランになっていますのよ」

とすれば、政子はどこからこの老人ホームに来たというのか。いつもの春子であれば、どこから来ようがどうでもよかった。しかし、このときは違った。

「銀座からこちらに来られたのではないんですか」

「…」政子は答えなかった。

会話はそれで途切れた。そそくさと朝食をすませた政子は、軽く春子に会釈をしただけで食堂から出て行った。その日以後、政子が春子と話を交わすことはなくなった。

いったい政子はどうしたというのか。春子には会話拒否の理由がさっぱりわからなかった。

「職員は、政子のことはもちろん、私のこともよく知らないはずだ。銀座がどうのという話だけで、口をきかなくなる政子から、様々なことを聞き取ることなどできないはずだ。一方、私は自分の歴史を職員に話していないから、職員が私のことを知っているはずもない」

しかし、春子は職員Aに尋ねていた。政子に関心があったのではない。無視されたことが引っ掛かっていた。

「政子さんはどこからおいでですか」

「深川からですよ」職員Aが教えてくれた。

深川といえば江東区だ。中央区ではない。

「なぜ銀座だなどと言ったのか…」

会話拒絶の事実が、春子を動かしていた。何かが混乱しているのか、それともあえて嘘を言ったのか…。

「私には銀座と言っていましたよ」

「そうですか…」

まずいことを教えた、と職員Aは後悔している様子だった。

政子はどうしても銀座と言いたかった。深川が事実だが、政子にとっては銀座がよかった。事実はこうだ。

もともと銀座でアルバム職人をしていたのは政子の実父だった。戦前、戦中、戦後と、政子の実父は銀座3丁目の銀座大通りと平行の、松屋とは反対側の、通り1本入ったところでアルバム工場を営んでいた。歌舞伎座にもアルバムを納めていたそうで、そのアルバムには歌舞伎座の名優たちの写真が収められているという。政子の夫はそこに婿養子に入った職人だったが、政子が言いたかったのは、実父のことだった。50年前に亡くなったのは、政子の実父だ。

実父は、「銀座のおじさん」と呼ばれるほど銀座界隈では有名な男だったそうだ。子煩悩でもあった。7人の子どもたちを銀座千疋屋に連れて行ってはアイスクリームを食べさせた。千疋屋のアイスクリームの味は尋常な美味さではない。高価だったはずだ。アイスクリームを食べさせたのは70年ほど前のことになる。当時、アイスクリームを作れる冷蔵庫を持っていた家などなかった。

知らない者どうしが、一日中同じ建物の中で暮らす。入居者の手足となって働く職員がひとりに対してひとりいればよいが、そんなことはありえない。春子が必要だと思う情報は春子が取り寄せなければならない。歴史の一瞬さえ重なり合ったことがない人どうしだ。情報収集は至難の技だ。気を遣い、ほんの少しずつ聞き取るのでは、相手を理解するのに何年かかるだろう。その日の気分も様々だ。春子とて、いつも調査意欲満々であるはずがない。春子にとって、本来、政子のことなどどうでもよかった。かつての友人でもなければ、ましてや恩人でもない。そんな政子のことをどうして知らなければならないのか。本来、知る必要などなかった。無視されたこと以外に動機はなかった。

ところで、政子はなぜ「銀座」にこだわったのか。

知人もいない施設にただひとり入居する高齢者。体の自由も効きにくくなり、記憶力に自信もなくなった老女がひとり、全く新しい環境に身を置く不安は、そうなってみないとわからない。すべての入居者に共通のこの課題を乗り越えさせてくれるのが職員なのだが、必ずしも、そんな職員ばかりではない。むしろ、そうした職員は少ない。職員は、マニュアル通りにやらなければならないことが多すぎる。入居者の人間関係の把握は、施設で第一にすべきことではない。入居者の人間関係を詳細に把握したとしても、それは介護保険報酬にはつながらない。そんなことよりも、ケアプランに記載した介護サービスを過不足なく提供することが、施設における第一順位の仕事である。そんな施設にあって、政子は「銀座」という「箔」でわが身を守ろうとした。銀座に住んでいたのは間違いない。ならば、銀座と言って何が悪い。銀座というブランドが私を守ってくれると政子が漠然と思ったとしても、政子を責めることはできない。まったく新しい環境での不安はそれほど大きい。

「銀座」にまつわる不信感を拭えないままの春子と、「銀座」に疑問を抱いた春子を許せない政子は、その出来事だけのために、お互いひとりぼっちの施設で、相互に反発し合い、一層ひとりぼっちになっていった。


席替えに反対し続ける龍男、席替えがあっても自分の席は死守してきた龍男は今日も窓際のテーブルで、川面を眺めながら朝食を取っている。

花子はというと、相変わらず春子と同じテーブルで不満そうだ。花子のテーブルは窓際ではないものの、花子は窓が見える位置に座り、窓の向こうに流れる川面を眺めながら朝食を取っていた。見える川面の幅は龍男よりも狭かった。

龍男の出身は和歌山県だ。静かにとうとうと流れる紀ノ川の近くで育った。川湯温泉の近くの農家だった。川湯温泉は、川から湯が湧き出る温泉で有名なところだ。その龍男がなぜ東京に来たかは誰も知らない。

花子の出身はこの施設のある東京西郊の地だ。施設が建った場所のすぐ近くにあった雑貨商の娘さんで、父親と店を切り盛りしてきた。釣り道具も売っていた。店舗兼住居の家は、目の前の川から歩いて５分のところにあった。川とともに暮らしてきた。

川にゆかりのある龍男と花子。座席の一件ではひともんちゃくあったものの、それぞれの人生に川が欠かせない存在の2人だ。しかし、2人に交流は全くない。仲を取り持つ人もいない。龍男と花子も、2人の故郷が川にゆかりのあることを、お互い、知らない。

ところで、人間関係はどうでもよい春子だが、身勝手なもので、自分の歴史は話したい、聞いてほしいと思っている。ただし、聞き流されるのはごめんだ。80年も生きてきたものの、たいした歴史ではない、どこにでもある人生だ、と春子は思っている。それでも、全く同じ人生などないはずだ。だから聞いてほしい。どこか、たった一点でも共感してくれたらいい。そう謙虚に思っている。

誰が聞いてくれるのだろう。入居者はダメだ。入居者の人格に問題があるというのではない。入居者は、自分の話を聞いてほしい人ばかりだ。ひょうひょうとしているあの花子とて、ほんとうはそうだろう。聞いてほしいはずだ。聞いてくれる人が見当たらないだけだ。席を間違えたくらいで怒り出す人物に、人の話を聞くゆとりはない、と花子は感じているのだ。

「誰も話を聞いてくれそうもない」春子はあきらめ顔だ。

「おはようございます」と職員A。

「おはよう…」と春子。

「そうだ、毎朝会話を交わす職員Aならば聞いてくれるかもしれない」

いつか話そうと春子は決意した。自分の話を聞いてくれる人探しにも、決意が必要だった。しかし、その決意を、数日後、春子は覚えているだろうか。

老人ホームという職場

「春子さん、おはようございます」職員Eが声をかける。

「おはよう…」

「お変わりありませんか」

「はい…」

「Aさんは…」まどろむ春子は尋ねた。

「お辞めになりました」と職員E。

入居者に挨拶もなかった。春子には、職員Aがどういう経歴の人か知らされていなかった。職員Aに尋ねることもしなかった。相手のことも聞かずに、自分の話を聞いてほしいと願っている春子。そのことに春子は気づいていなかった。ひたすら自分のことを理解してほしかった。

「私に挨拶もなく辞めてしまうなんて…」

春子は腹立たしくさえ思った。無視されたようにも思った。

「おはようございます」

「お変わりありませんか」

職員Aの声掛けが思い起こされた。あの人にとって、私は何だったのか。

80歳まで生きてきた。夫は15年前に亡くなった。子どもはいない。子どもがいない分、預金がたまった。２人で旅行をした。２人でスキーもした。それはそれで楽しかった。だが、夫は一足先に逝ってしまった。早く死なれてはとても困る。ひとりぼっちになった。夫と仲が良かった分だけ、友達が限られてしまった。マイホームも建てたが、ひとりでは広すぎる。数少ない友達がたまに来てくれても、夫と過ごしたほどには充実感が持てなかった。夫と築いた歴史に匹敵するとは言わないまでも、その10分の1だけでもいいから歴史を共有する友達がほしかった。充実感を求めて、春子はデパートを歩きまわった。もちろん貯まったお金を惜しみなく使った。そのデパートの店員で春子を知らない人はいない、というほどまで、春子は衝動買いをした。

やがて春子は、その浪費癖を心配した隣人らの計らいで、この施設に入居した。半年を過ぎると、隣人らは訪ねて来なくなった。心配してくれたことはありがたいと、春子は素直に思ったが、隣人らが訪ねて来なくなるとは思わなかった。

「私はあの方たちにとって、なくてはならない人ではなかったんだわ」

春子は気づいた。ベッドの中で、職員Eの声が遠くに消えていく…。春子は再び眠った。


「はるちゃーん…もっとはよう登ってこいよ」

「いさむははやすぎる…」

「弱虫だな、はるちゃんは…」

「弱虫じゃない。今、行くって…」

「きれいだなぁ」

「私のこと」

「ばか…岩手山だ」

「なんだぁ…」

「あたりめーだ。岩手山だ…」

「わたし、岩手山よりいさむが好きだ…」

「…俺は岩手山と同じくれえだ…はるちゃんが好きだ…」

野山を駆け巡り、桜の木に登った7歳の日々が脳裏をかすめていた。お互いに、初恋だと思った。

「春子さん、おはようございます」

遠くの方からまた職員Eの声が聞こえた。いさむの姿が、突然消えた。

「夢?」春子がつぶやいた。

いさむを思い出したのは何十年ぶりだろう。結婚して、それから私はいさむを忘れた。いろんな私がいる。夫も、いさむも、私をわかってくれる人だった。夫には悪いが、結婚する前の、子どもの頃の話だ。

「はるちゃん、手をつなぎましょう」男先生が言った。

「はーい」はるちゃんが答えた。

5歳のはるちゃんは、今でいう保育園の男先生と手をつないだ。戦前の話だ。農家の生まれのはるちゃんは、農繁期になると、近隣の子どもたちを集め世話をしてくれている小さな施設に昼間だけ預けられた。その日は、この地区の裏山に皆で出かけた。大人は、男先生と女先生の2人だけ。2人とも若い先生だった。子どもは15人ほどいた。はるちゃんは男先生が大好きだった。男先生の大きな手の中にはるちゃんの手が包まれていた。

「ごはんの用意ができています」と、また職員Eが言った。

優しい声だったが、春子とは違う世界で生きてきた人の声だった。春子は、職員Eの歴史を何ひとつ知らない。

自分のことを話そうと思っていたのに。職員Aが挨拶もなく辞めたことで、その存在は、春子の記憶から消えた。記憶が消えたと同時に、この施設に対する不信感の火がともった。

「花子さん。そこは龍男さんの席ですから、こちらへどうぞ」職員Bが話しかけている。

「龍男さんがおいでになる前に移動しましょう」

花子は動かない。職員らは配膳することができず当惑ぎみだ。職員Dが歩み寄った。

「花子さん。もっとよく川が見えるあちらの席に移りましょう」と職員D。

花子は、龍男のテーブルとは別の川側のテーブルに移動した。この日から、花子は春子のテーブルを離れた。

岩男の死

花子が川側のテーブルに移動する少し前、92歳の岩男が亡くなった。龍男のテーブルとは反対側のテーブルに、岩男の指定席はあった。川はよく見えなかった。入居から3年後のことだった。この1年は、体調が悪く、たまにしか食堂に出てこなかった。花子同様、この岩男も地元の人だった。不動産業を興し、60年仕事をした。昭和の終わりから平成はじめにかけてのバブル経済のとき、大儲けをした。遺産は10億円とも言われた。

親族は地元にいるので、週に1度は面会者があった。しかし、岩男の好物や花束を持参するわけではなく、面会も15分ほどだった。個室なので、岩男と親族の話の内容はわからなかったが、金の無心だとの噂がもっぱらだった。職員のひとりが、最後まで判断能力に大きな低下のなかった岩男から、「あいつらが来ても嬉しくないね」と聞いたことがあった。親族来訪のあと、岩男はいつも機嫌が悪かった。

「あんたの家族は元気かな」と岩男。

「おかげさまで」と職員B。

「食事、運んでもらって悪いね」

「いえ、仕事ですから」

「食べさせてもらって悪いね」

「いえ、仕事ですから」

「仕事ですから…そうか…」と岩男。

亡くなる半年前の、岩男と職員Bの会話だ。その後、岩男から職員に話しかけることはなかった。

「千夏ちゃん…海を見に行かないか」と岩男。

「いいよ」と千夏。

岩男は都心の大学に進学した。千夏は地方の大学に進んだ。大学生だった2人の郷里での夏のひととき。金沢八景の海辺を散歩した。神奈川県の金沢八景だ。空も海も真っ青だった。千夏の笑顔と太陽がまぶしかった。

「久しぶりだね」

「そうね…」

2人は小学校の同級生だった。夏の金沢八景は静かな海面をたたえていた。風が心地いい。おてんば娘は、長い髪の美しい乙女に変身していた。

「きゃあー」

「なにー」

「蛙」

「どうして海に蛙がいるの！」千夏はハイトーンで言った。

「ほんとだ」岩男が笑った。

「ふふ…」千夏も笑った。

「大学、楽しい？」千夏が聞いた。

「目標、見えない…千夏は？」

「楽しいよ」

2人とも法学部の学生だった。戦前の話だから、女性の法学部生は珍しかった。

「俺は学部を間違えたみたいだ。経済をやりたい」

「いいんじゃない。やりたいことをやれば…」

「弁護士になるつもりで法学部、進んだけど、勉強している仲間や先輩の姿を見ていたら、司法試験に通るだけが目的みたいで嫌になった」

「そんな人ばかりじゃないんじゃないの？」

「そうだけど…」

「千夏は何になるの？」

「私は司法試験を受けるために法学部に入ったわけじゃないから…」

「で？」

「うん…」

「私、教師になろうと思ってる。小学校の教師。ちっちゃな子ども、好きだから。小さな学校がいいな」

「教師か…。俺には思いもつかない仕事だな…でも、千夏にはあってるよ」

「ありがとう…」

岩男と千夏のひと塊の姿が輝いていた。卒業後、岩男は不動産会社に入社し、千夏は小学校の教師になった。２人は別々の人生を歩んだ。

この思い出を、岩男は誰にも語らずに逝った。入居者も職員も誰も知らない。知っているのは千夏だけだ。その千夏も生きていれば92歳だが、その消息がわからないまま、岩男は静かに逝った。

高齢者の心には、子どもの頃の思い出や青春時代の思い出がたくさん詰まっている。実に彩り豊かだ。高齢者は、心の全てが高齢になったわけではない。いつまでも子ども時代の心があり青春時代の心がある。誰も聞こうとしない、輝く記憶。

岩男の葬儀は老人ホームの中で行われた。親族が希望したことだった。資産家の岩男だったが、親族は金をかけることを望まなかった。祭壇と棺だけ用意された。導師も招かれなかった。生花は老人ホームで用意したものだけだった。会葬者は、親族、入居者、施設職員。通夜もなく、平日の昼、告別式だけが執り行われた。涙を流すものは誰もいない。ひとりひとり、お別れの焼香だけが黙々と行われた。20分もかからず、式は終わった。親族が、「お世話になりました」と一言。挨拶はこれだけだった。棺は霊柩車に積まれ、親族とともに岩男はホームから消えた。

職員にも入居者にも岩男の思い出は残らなかった。

男女の関係

龍男のテーブルと同じ川側の横並びのテーブルに冬子がいる。

「申し訳ありませんが、テレビ、見せていただけますか」と龍男。

席を間違えた花子に対し、あれだけの怒りを見せた人とは思えない、謙虚な姿勢だった。

「いいですよ。昼食が済んでからでいいですか」と冬子。

龍男はしばしば冬子の部屋で冬子と一緒にテレビを見た。見るのは歌謡番組だけだった。龍男は、息子がテレビやビデオデッキを買いそろえるといっても、いらんと断った。いつも冬子に見せてもらっていた。

2人はそれだけの仲だった。このことは、周知の事実だった。職員は、ほほえましい関係と受け止め、見守っていた。ただ、龍男も冬子もお互いの過去は知らなかった。2人とも、これまでのことに関心はない様子だった。

「いったいどうなっているんですか」

冬子の息子がホーム長に詰め寄っていた。あまりに大きな声だった。接客室からもれていた。

「事実だとすれば申し訳ございません」ホーム長が謝罪した。

「事実だとすれば、とはどういうことですか」と息子。

「母は泣いて私に訴えたのですよ」とまた息子。

「現在調査中ですので、しばらくお待ちください」

翌日。

84歳の冬子と90歳の龍男の間に何があったのか。冬子側は、強制猥褻だと主張する。職員が冬子から聞き取った内容は次のようなことだった。

「その日、龍男さんが、夜8時からＮＨＫの歌謡番組を見たいというので、どうぞと言いました」

「それで…」

「7時50分頃に龍男さんは私の部屋に来ました」

「ご一緒に歌謡番組を見たのですか」

「見ました」

「それで…」

「番組は9時前に終わりましたので、おやすみなさい、と退室を促しましたが、龍男さんはなおも部屋にとどまろうとしました」

「何があったのですか」

「あの人は、突然、私に抱きついてキスをしたのです。何度もです。私はびっくりして両手であの人を突き飛ばしました。あの人は足が悪いので、床に倒れましたが、すぐに起き上がり、杖をついて出て行きました。何と恐ろしいことでしょう。私は体が硬直して、職員さんを呼ぶこともできませんでした。朝まで茫然としていました」

「怖かったのですね」

「今も、話をするだけで体が震えます」

「テレビをお部屋で一緒にご覧になるようになったのはいつ頃からですか」

「3か月ほど前からです」

「龍男さんはどんな方ですか」

「今となっては怖い人です。経歴は知りません。あの人からも職員さんからも聞いていません」

「事件の前はどうでしたか」

「私に対しては、物腰の柔らかな謙虚な態度の人でした」

龍男側の主張では、濡れ衣であり、名誉棄損だという。職員が龍男から聞き取った内容は次のようなことだった。

「その日、私は冬子さんに、夜8時からNHKの歌謡番組を見せてほしいと夕食時に頼みました。冬子さんは、いつものように、どうぞと言いました」

「それで…」

「8時少し前に私は冬子さんの部屋に行きました」

「ご一緒に歌謡番組を見たのですか」

「見ました」

「それで…」

「番組は9時前に終わりましたので、私はおやすみなさいと言い、退室しようとしましたが、冬子さんが、もう少しいてほしいと言いました」

「その後、何があったのですか」

「冬子さんは、突然、私に抱きついてキスをしたのです。何度もです。私はびっくりしました。私は、どうしたんです、と聞きました。すると、冬子さんは、突然その両手で私を突き飛ばしました。私は足が悪いので、床に倒れましたが、すぐに起き上がりました。どうしたのです、と再度問うても冬子さんは何も答えませんでしたので、私は杖をついて部屋を出ました。

その後の冬子さんのことはわかりませんが、翌日、私は冬子さんの息子さんから、強制猥褻の犯人呼ばわりをされたのです。許せません」

「テレビをお部屋で一緒にご覧になるようになったのはいつ頃からですか」

「3か月ほど前からです」

「冬子さんはどんな方ですか」

「親切な人でした。冬子さんからも職員さんからもどのような経歴の人かは聞いていません」

「ホームにはテレビルームがありますよね。どうしてテレビを冬子さんの部屋で見るようになったのですか」

「冬子さんがテレビを持っていましたので」

「女性の部屋ですよ」

「私は、女性とか男性とかは思っていませんでした。親切だったので見せてもらっていました」

ホーム長は困惑していた。医師、看護師、介護福祉士、ヘルパーを集めて協議した。

「冬子さんの息子さんは、警察に被害届を出すと言っています。皆さんのご意見を聞かせてください」

「この3か月の間、お2人は、食事中も、その後も、特別な問題もなく過ごしておられました。龍男さんが冬子さんのお部屋を何度訪ねたかはわかりませんが、このような出来事がお2人の間に起こるとは想像できませんでした」と介護福祉士が語った。

「お2人とも若干認知症が出ていると思われますが、十分相手の話を理解する能力はあり、また、身体的には、お2人とも血圧が少し高いくらいで特に問題はありません」と医師が続いた。

さらに意見がいくつか出された後、ホーム長が締めくくった。

「どちらのご主張が真実であるのか、目撃者はいませんのでわかりかねます。双方、ご主張になっていることは、話としては全くありえない内容ではありませんので…私どもとしては、冬子さんとそのご家族にお詫びして、冬子さんにはその身を守るとの意味から、他の施設に移っていただくことにしましょう」

冬子の妄想か、龍男の強制猥褻か、真相はわからなかった。

この「事件」は、春子の知るところとなった。わずか26人の入居者だ。知れ渡らないはずはない。

「女の私にはわかるわ。龍男がキスをしたというのは本当のことよ」春子は思った。

「冬子の真意はどうだったのかね。キスされたことが嫌だったのではないはずよ。突然キスされたことにプライドを傷つけられたのね。この施設では、冬子のプライドがどんなものか誰もわかっていない。私も知らないし、龍男も知らなかったはずだわ。職員さんたちも、冬子の経歴がわからないのだから、冬子のプライドがどんなものか、わかるはずないわ。そんな老人ホームで私たちは暮らしている。肉体だけが入居しているのよ。精神は、あたかもどこかにしまい込まれてしまったようだわ」春子は心の中でつぶやいた。

「Eさん…」春子は職員Eに声をかけた。

「冬子さんはどうなりました。昨日から見えませんね」

「昨日、隣町の施設に移られました」

「また、挨拶もなくいなくなった。挨拶をする気にもなれなかったのだろうが、ここではその程度の関係なんだ」春子は思った。

本当は誰も関心がない。必要に迫られたときだけ声をかける。入居者どうしも、入居者と職員も。

「龍男も冬子も好感を抱き合っていたはず。そうでなきゃ、自分の部屋に入れるもんか。テレビを見たいだけなら、テレビを買えばいい。テレビなど、安いものなら1万円で買えるよ。そうだよね」春子は職員Eに話しかけたが、答えはなかった。

「誰かが縁を結んでやればよかったのよ。ひとりで入居する人に連れ合いなどいないのだから、龍男と冬子の間に入って、気持ちの届け合いを仲立ちしてやればよかったんだ。ただ、その役割は入居者にはむりだろうね。しかし、職員は忙しすぎるね。老人の施設はもくもくと働いているだけじゃだめさ。私たちは、80年以上も生きてきたんだ。もう自分中心になったっていいだろう。自分中心の龍男と自分中心の冬子と、それぞれの人生の一部たりとも重ならなかった2人だよ。相手のことがわからないのだし、これから相手のことを十分理解するだけの時間は残されていない。人間関係は、気がきかないことがあったり、言いすぎたり言い足りなかったり、いろんな共同体験をしながら磨かれていくんだよ。その体験をする時間がもうないのさ。だから、間に立つ人、見守ってくれる人が必要なんだ。間に立つ人がつけられないというなら、老人は、人間として生きることをやめろということだね。老人だって恋をするんだよ。老人だって異性を求めているんだよ」

家族説明会

「本日はご多忙のところご来所くださいまして、誠にありがとうございます」

職員Fの挨拶で家族説明会が始まった。続いてホーム長が挨拶した。

「あらためまして、ご来所、ありがとうございます」

「ホーム長であります私から、当施設の運営に関しましてご説明申し上げます」

ホーム長は、収支の報告をはじめた。その中で、健全経営を強調した。さらに、人員の配置基準を満たしていることの報告があった。続いて、顧問医の紹介、看護師の紹介があった。

「以上でございます」とホーム長。

「それでは、皆様からのご質問にお答えさせていただきます」職員Fが言った。すぐさま手が挙がった。

「数か月前に、入居者の方が大腿骨骨折にあわれたそうですが、入居者の安全についてのご配慮はどのようになっていますでしょうか」入居者の息子が質問した。

「そのご入居者様に関しましては、ただちに病院に搬送させていただき手当をお受けいただきました」看護師が答えた。

「手術をお受けになったものの、車椅子生活になったご様子ですが、そうですね」

「残念でございますが、そのとおりです」ホーム長が答えた。

「どうしてそのような事故が起きたのですか」追及が続いた。

「お楽しみ会の解散後、職員が積み重ねた椅子に腰かけようとなさったのですが、3段に重ねられた椅子に腰かけられずに滑り落ちてしまわれたのです」と看護師。

「そのようなことのないように、椅子などの管理を徹底すべきでしょう」

「申し訳ございません。今後は再発防止に留意してまいります」ホーム長は詫びた。事故の話に終始した家族説明会は終わった。入居者の人間関係について尋ねる家族はいなかった。理由は簡単だ。入居者の人間関係については、本人が家族に語らなければ、家族が察知することはないからだ。この施設が、家族に対し、本人の人間関係を報告することはなかった。骨折も痛いし、車椅子生活も重大な事態だ。一方、人間関係の痛みは、やがて入居者の悩みになって孤立感さえ日々増幅させることになる。あるいは施設が最善の配慮をしない限り、入居者が、この悩みから解放されることはない。逃げ出せない空間と時間が、日々刻々、高齢者を襲う。

「ご入居者の皆様にとって、職員の人員配置の適正、介護サービスの充実、食事の充実、安全・衛生、緑の環境などは重要な関心事かと存じます。ただ、いまひとつ、ご入居者の皆様のホーム内での人間関係の問題は、それらにも勝るとも劣らぬ重要事項でございます。人間関係とは、ご入居者どうし、ご入居者と職員の関係です。人間関係に問題があれば、ご入居者の心に、毎日、毎時間、苦痛をもたらします。ご入居者が、この悩みから逃げ出せる空間はありません。そこで、私どもは、このホームの特色として、人間関係上の問題は早期発見、早期解決を心掛けております。そのために、ご入居者の人間関係を注視する専門職員の配置や、多くのボランティアスタッフのご協力をお願いしております。大小様々な問題に、これからも皆で協力して対応してまいります」という説明を、家族説明会で職員から聞くことはまずない。

認知症の入居者が多い施設がほとんどではあるものの、物事のすべてがわからないわけではない。対応いかんでは、その能力が引き出されることもある。施設内の人間関係作りに欠かせないのは、入居者の個人情報だ。この個人情報だが、個人情報保護法への誤解から、入居者の情報を収集したり、いわんや、それを他の入居者に開示することはできないと考える施設が多い。しかし、相手をわずかでも理解できなければ人間関係は作れない。その理解のために個人情報が必要になる。本人が語るか、家族や知人が語るかは別としても、情報源がゼロという人は少ない。本人や本人に代わる家族の了解をいただき、個人情報を集め、人間関係作りに役立つ情報の開示があってもいいはずだ。介護保険サービスの実施だけでは、入居者どうしの人間関係を作り育てることはできないのだから。

収容・その1（家族からの分離）

この施設に入居した人は、それぞれに事情がある。その事情は、他の入居者も職員も知らない。

福子、嘉子、一男、慶子、香子、勝子は同じテーブルの入居者だが、食事には福子と嘉子しか出てこない。一男、慶子、香子、勝子は部屋食組であることはすでにお話しした。入居者のほとんどに認知症状はあるが、この6人はそれが中程度まで進んだ人たちだ。

一男は入居当日、長男に連れられて来た。

「父さん。今日からここが父さんの家だよ」

「なんだ、ここは」

「老人ホームだよ」

「ここは俺の家じゃない」

「今日からここが父さんの家だよ」

「俺はごめんだ。誰がそんなことを決めた。頼んでもいない」

「私と明子で決めたんだ」

「なんで嫁が決める。俺の家はここじゃない」

「父さん…これまで誰が父さんの世話をしてきたかわかっているかい」

「…俺は自分で自分のことはやってきた…」

「何を言ってるんだい。明子が全部世話してきたんだろう。食事も作り、徘徊にも付き添ったのは明子だよ。下の世話をしたのも明子だ。忘れたかい」

「明子の世話になどなっていない」

押し問答の末、一男は決められた部屋に入った。

「荷物はここにおいたよ。また来るから」

長男は職員に挨拶をして、帰っていった。一男は納得がいかなかった。

一男の部屋には、作り付けの洋服ダンスと机と椅子。そして、長男が持参した着替え、洗面具、スリッパ以外には何もなかった。カレンダーもなく、花瓶もなかった。壁には白色のクロスが貼られていた。天井の蛍光灯は間接照明になっていた。部屋は暗い。ベランダには植木鉢ひとつ置かれていない。ユニットになっているトイレと洗面台。洗面台の鏡だけがやけに新しかった。一男の姿をくっきりと映し出している。一男は茫然と洗面台の鏡の前でたたずんでいた。

一男は一代でビル管理会社を築いた。従業員は30人ほどだが、事業は成功した。長男はじめ子どもが継がなかったために、会社は他人に譲った。譲渡金は何不自由なく暮らせるほどの金額だった。一男は入居後、1年たたずに死亡する。

「一男さん。夕飯のご用意ができました」

職員がわざわざ呼びにきた。一男は職員に誘導されて食堂に向かった。案内されたテーブルには、すでに福子、嘉子、慶子、香子、勝子が座っていた。

「こんばんは」と一男。

「こんばんは」福子と嘉子だけが返した。

一男は、なぜ慶子、香子、勝子が挨拶をしないのかとは思わなかった。一男には、そんなことはどうでもよかった。一男が食堂に来たのはこのときだけだった。以後、一男は部屋食に変わった。時を同じくして、慶子、香子、勝子も部屋食に変わった。

みずから施設を選択して入居する高齢者よりも、家族が支え切れずに施設入居を迫られる高齢者が圧倒的に多い。選択なき入居は、収容というべきものだろう。

収容・その２（地域からの分離）

部屋食組の慶子のデパート好きは、春子とそっくりだった。

慶子は80歳、都心のひとり暮らしだった。隣近所には４人の友達がいた。ひとりは喫茶店を経営していた。５人はよくその喫茶店に集まった。夜になると酒も飲めた。５人で飲んだ。５人の中でひとり暮らしは慶子だけだった。慶子が60歳のとき、夫は肺がんで亡くなった。８０００万円の預金と一戸建てを残して死んだ。月額にすると20万円の遺族年金もある。そうした財産があることは他の４人も知っていた。

ある日、「デパートに買い物に行きましょうよ」慶子が4人を誘った。

「5人で行きましょうか」4人が賛同した。

はじめて慶子とデパートに行くことになった4人。デパートに行って4人とも驚いた。

「慶子さま、いらっしゃいませ」

4階のレディースブティックで声がかかった。4階で声をかけたテナントは1店ではなかった。4階の3分の1の店が、慶子を知っていた。

「お知り合いばかり?」

「いいえ」

慶子は嬉しそうだ。それもそのはずだった。このデパートへの月々の支払いは80万円を超えていた。支払いが80万円だと話したのは慶子だった。

「大丈夫?」

「えっ?」

「お金は大丈夫?」

「旦那さんがたくさん残してくれたから大丈夫」

4人は施設を探しはじめた。慶子の知らないところで事態は動きはじめていた。

「行ってみない?」4人が切り出した。

「何？　どこ？」

「私たちは家族がいるけど、慶子さんはひとりでしょ。体が言うことをきかなくなったら困るんじゃない？」

5人で見学した施設が、この有料老人ホームだった。数ヵ月後、慶子は入居した。それから5年。最初の1年は訪ねてもくれたあの4人の訪問は2年目以降なくなった。ホームでも理解者は得られず、部屋食を決め込んだ。

香子の夫は、3年前に重度の認知症のまま回復せずに心筋梗塞で他界した。自宅でのひとり暮らし。香子の友達はアルコールだった。

「あなた、飲みます？」

「あなた、お酒」

夫は2階の書斎にこもり、何やら調べ物をしている。夫は医師、香子は看護師。大学の医局でみそめ合った。結婚歴50年。子どもは授からなかった。

「いっしょに飲みましょう」

「ちょっと待ってくれ」

「今日は何だ」

「バーボンを買ってみました」

「トウモロコシか。バーボンは誰が作ったか知ってるかい」

「いいえ」

「ケンタッキー州のバーボンという町で、イギリスからの移民が作ったんだよ」

「バーボンってウイスキーとかビールとか、お酒の種類？」

「いいや、ウイスキーの1つの種類さ。アメリカ産のウイスキーだよ」

「よく知っているのね」

「何でも聞いてくれ。俺はアルコール中毒の医者だ」

「それじゃ、私はアルコール中毒の看護婦ね」

そんな冗談を言っては2人でよく笑った。

夫婦の共通の楽しみが酒だった。しかし、この酒が夫の命取りとなった。夫は晩年、有料老人ホームに入居したが、アルコールを手放すことはなかった。ホームの中で友人はいなかった。香子が訪ねてくることと、酒だけが楽しみだった。職員に見つかっても、酒を買うことをやめなかった。誰とも人間関係を築けなかった。

「あなた。いっしょに飲みましょう」

「…」

「早く下りてきてくださいな」

「…」

香子が2階の書斎に上がる。書斎に人気はなかった。

「どこにいるの。あなた…」

子どものいない医師と看護師の家。2人では広すぎる家だった。

「先に飲んでるわよ」

香子は食が細かった。ウイスキーが好きだった。ウイスキーとチーズだけで食事を済ませることがほとんどだった。近隣住民が彼らを訪ねることはまずなかった。隣り合わせに家が立ち並ぶ高級住宅街。老後を支え合う関係はなかった。

「あなた…」すでに他界した夫を、香子は毎日呼び続けた。

高い天井の居間で、酔いつぶれた香子を発見したのは、こともあろうに、詐欺まがいの金融商品を売り付けにきた訪問販売の悪質業者だった。

市の在宅支援係の職員が駆けつけたとき、業者の男たちはいなかった。部屋の床には、当日600万円が引き出された残高1万1129円の郵便貯金通帳と印鑑が落ちていた。

後日、市職員と弁護士が協力し580万円は取り戻した。そして、香子は現在の有料老人ホームに入居した。その後、その弁護士が香子の成年後見人に就いた。知り合いのいない有料老人ホーム、財産を管理する弁護士以外に訪ねる人はいない。

夫はいない。酒も手に入らなくなった。香子が食堂に来ることはなかった。部屋食が繰り返され、日々は空虚に過ぎて行く。

「香子さん。明日はひな祭りですよ。食堂にお越しになりませんか」

「…」

翌日。

「香子さん。皆さんお待ちですよ」

決まり切った香子への声掛けだった。香子の過去と心情を理解しようとする声掛けはなかった。

助けてください

部屋食組の勝子の口癖は、「助けてください」だ。2つの出来事が余程心に残ったようだ。

勝子は東北地方で生まれた。3年前に市役所の在宅支援を受けたときの預貯金は50万円でしかなかった。今は、裁判所から選ばれた弁護士が成年後見人として勝子の「財産管理」と「身上監護」を行っている。

３年前の高齢者専用賃貸住宅での会話だ。

「勝子さん。預貯金はもともとはいくらあったのですか」市職員が尋ねた。

「１０００万円くらいかね」と勝子。

「今、50万円しかないのがわかりますか」

「そんなしかないかね」

「そうです。郵便貯金に50万円。銀行のほうは、年金だけですね」

「もうやれねえな」

「誰かにあげたのですか」

「２人にやった」

「２人？　誰ですか」

「夫の先妻の娘と息子です」

「勝子さん。50万円の貯金では、大病はできませんよ。長く入院すれば治療費がかかります」

「そうかね。もうやれねえな」

「少しでも返してもらいますか」

「…」

「950万円もあげてしまったわけですね。100万円ずつでも返してもらいますか」

「…いや。やった金だから、そのままでいい。もうやらねえ」

「困りませんか」

「困らねえ。病気もしねえ」

平成18年に高齢者虐待防止法ができた。その法律には、経済的虐待も虐待の1つにあがっている。近い将来、勝子が入居できるとすれば、入居一時金が不要な特別養護老人ホームしかない。

勝子にはもう1つ事件があった。勝子には夫が残した不動産があった。それは、勝子が高齢者専用賃貸住宅に移り住む前に住んでいた自宅だった。40坪の土地に2階建ての建物だった。

「勝子さんが住んでいた自宅だよ。旦那さんが残した土地と建物はどうしました」と市職員。

「世話になっていた介護サービスの社長に売られてしまったよ」

「えっ…売られた?」

「なくなったよ」

「お金は取り戻したのですか」

「何も返って来ねえ」

勝子に弁護士の成年後見人が就く前、勝子は財産の管理を在宅介護サービス事業所の代表者に任せていた。

「どうして自宅を売り払われてしまったのかね」市職員が尋ねた。

「ひとり暮らしになった私を心配してくれたんだよ。有料老人ホームに入るための金を用意しておいたほうがいいと言われた」

「それでどうしたんですか」

「自宅は税金がかかるばかりだから、売ったほうがいいと勧められた。社長が売ってくれた」

「売って入ったお金はどうしたの」

「社長が持って行った」

「取り戻さなければ、勝子さんは有料老人ホームに入れないよ。頭金作れないから。特別養護老人ホームなら頭金はいらないが、勝子さん、からだ、まだ元気だから特別養護老人ホームには入れないです。特別養護老人ホームは費用が安くていいんだが、もっとからだの具合の悪い人が大勢入居待ちの状態なんだよ。弁護士さんに取り戻してもらうかね」

「お願いします」

勝子は素直に市職員の助言を受け入れた。このとき世話になった弁護士が、今の成年後見人だ。

「社長さん。横領した2000万円、早く返しましょうよ」弁護士は電話をかけた。

「もう少し待ってください。あの金は借りた金ですから」と社長。

「勝子さんがあなたの会社に貸したという証拠はあるのですか」

「無期限で借りたんですよ」

「勝子さんは貸したとは言っていませんよ」

「当時と違って、今は判断能力がないんじゃないですか。だから弁護士さんが後見人なんでしょう」社長は反論した。

「売買代金2000万円をあなたが預かったことは認めるのでしょう?」

「それはそうです」

「それならば、借りたことをあなたが証明しなければなりませんよ」

「借りたといったら借りたんですよ」

「2000万円は残っていないのでしょう?」

「すべて使いました。従業員の給料です。私が使ったわけじゃありません」

「横領ということは知っていますね。借りたことを証明できなければ横領ですよ。預かったお金を持主の了解なく使ったわけですから。あなたのために使おうが、従業員の給料に使おうが、横領に変わりはないのですよ」

「何をしろというんですか」

「公正証書を作ってください」

「それだけでいいのですか」

「もちろん、月々返済してもらいます。最低でも月100万円返してもらいます」

「…わかりましたよ」

「では、手続きの詳細は書面でファックスします。指定日に、実印と印鑑証明書1通をお持ちになって公証役場に来てください」

代表者は指定日に公証役場にやって来た。しかし、公正証書はできたものの、代表者は返済しなかった。弁護士は毎日電話した。督促は100回に及んだ。返ってきたのは100万円に過ぎなかった。やむを得ず、弁護士は介護報酬を差し押さえ、1550万円を回収した。その一部が今の有料老人ホームの入居一時金になった。ときを同じくして、従業員も介護報酬を差し押さえた。その直後、このサービス事業所は閉鎖した。

「勝子さん。お食事をお持ちしました」職員Eがドア越しに声をかけた。

「はーい」勝子が答えた。

「助けてください」部屋に入った職員Eに勝子は小声で叫んだ。

「大丈夫ですよ。弁護士さんもついていますよ」

勝子の部屋食の夕食が届いた。今日も、ひとりだけの夕食だ。

3歳の子どもがいます

春子のテーブルに真子がいる。めったに口をきかない。その真子がしゃべった。

「3歳になる子どもがいるんです」と真子。

「お子さんがいるんですか」職員Bが尋ねた。

「はい。私の部屋のベッドの中で眠っています」

「真子さんのお子さんですか」

「そうです。私の子です」

真子は未婚のまま今日を迎えている。

真子は続けた。

「私は心配なんです。この子を誰に預けようか考えています。私は育てられませんから」

「そうですか。ご心配ですね」

子どもが真子のベッドの中にいるとの話は、このときがはじめてではなかった。

「子どもは大事にしてやらないといけません。子どもは大切。大事にね…子どもに暴力などいけません。あの子はよく話をしてくれます。子どもの話はよく聞いてやらにゃいけません。子どもが待ってますから、もう行かないといけません…」

食事途中の真子が立ち上がり、テーブルを離れようとした。

「真子さん。お薬、飲みましょうか」職員Bが真子の脇に立った。

「子どもが待っているんです」

「わかりましたよ。お薬、お部屋で飲みましょうか」

「はい」

職員Bは部屋まで付き添った。

「お休みになりますか」

「はい」

「では、お休み前にお薬を飲みましょう」

真子は薬を飲むとベッドにもぐり込んだ。もはや子どもの話は出なかった。

そんなに早く効くはずもないが、何の薬かわからないものの薬を飲んだという安心感からか、真子はすぐに浅い眠りについた。

「おやすみなさい」と職員B。

「…お・や・す・み…」か細い声が返ってきた。

真子の子どもの話は職員の間では有名だ。しかし、子どもが実在するのか、しないのか、誰にもわからない。

真子は島根県で生まれた。真子の父親は貧しい漁師だった。山陰の海が相手の仕事だった。釣果のないことが多かったという。魚も安かった。真子は女学校には行けず、和裁の店に奉公に出された。その数年前、10歳年下の弟が生まれた。真子は弟をかわいがった。乳はやれなかったが、抱いたりおぶったりしては、働く両親の手助けをした。しかし、真子が奉公に出されるのと同時に、弟は、3歳で里子に出された。食べていけなかった。

真子は毎日奉公に努めた。足袋や靴下などはいたことはなかった。やがて真子は奉公先で、弟が死んだことを知らされた。貧しさを呪った。真子にとって、弟は3歳のままだった。

記憶の断片がつながり、事実とは異なる話が生まれる。しかし、それは全くの嘘の話ではない。人間が背負い込んできた様々な記憶。脳が、委縮などにより機能しなくなることにより、その記憶が記憶通りに引き出されない。しかし、本人は、記憶通りに語っているとの感覚を持つ。おかしなことを語っているとは思っていない。人は脈絡のない夢を見る。夢は記憶から作られる。真子の話はそんな夢と変わらない。

こうした認知症の人の話を、誰がどう聞き受け止めるか、それが重要だ。

「真子さん、朝食の用意ができましたよ」職員Bがドアを開けた。

「子どもがベッドの中で眠ってるんです。静かにしてください」

「わかりました」

再び、真子から子どもの話が出た。しかし、子どもの話のその先を、関心を持って聞こうとする職員はいなかった。職員Bだけが何か疑問に思いはじめていた。

「私の仕事は入居者の心を支えているのだろうか」職員Bはつぶやいた。

ガン告白

龍男と同じテーブルの時子が珍しく職員Bに話しかけた。食堂でのことだ。

「私、肺ガンですよ…」

「えっ。先生が告知なさったのですか」

「いいえ」

「ではどうして」

「たばこ、好きでしょ」

「でも入居なさってからは吸っておられないでしょ」

「若い頃から吸ってたので、私の肺、真っ黒ですよ。進行が遅いから生きている」

「受診しましょう。病院で。早期発見ですよ」

「あはは…私は88歳。もうそれだけで、お・そ・い…」

「高齢者のガン治療はどうなっているのだろう。ホーム長に話さなくては…」

「ほっておいてください。悲しむ人はいません。ひとりだから。子どもも夫もいない。兄弟姉妹は皆死にました」

時子は席を立って自室に向かった。足取りはむしろ軽く見えた。

「ガンの告白…なぜ足取りが軽いのだろう…」

時子はそのまま天国に舞い上がるような軽い足取りで食堂を出て行った。生きることへの執着はまるでないように見えた。

「誰も悲しまない死。それを知って今を生きている。私たちの介護の目的とは何なのか…」

職員Bは思った。

葬儀

「あさって、私の葬式があります。来てください」

龍男と同じテーブルの民子が部屋から電話をかけている。認知症が進んでいる入居者ではないが、この民子もめったに話をしない。大きな声だから、廊下に漏れた。職員Bが通りかかった。

「私は亡くなったのでお葬式なんです。来てください」

電話の向こうの人の声は聞こえない。

「何と応えているのだろう」職員Bは思った。

「ここで葬式をやります」

「ここでやるって、民子さん、あなたは生きている」

「私はもう85歳ですから死にました」

「何かが混乱している。民子さんの認知症は重度じゃないが…」

民子は電話を切ると再びダイヤルを回しはじめた。自分の黒電話を持参していた。

「私は亡くなったのでお葬式なんです。来てください」

「ひょっとして、せん妄…」

なだらかに認知能力が低下する認知症と違い、せん妄は一時的に一気に認知能力が低下する意識障害だ。意識混濁、つまり、意識のレベル低下が見られ、判断力がなくなったり、感情、思考、知覚に問題症状が出る。錯覚と幻覚、そして精神的な興奮などだ。

「なぜそんな症状が出たのか。原因はなんだろう」

民子はひとり暮らしだった。結婚歴はない。家族はいない。この老人ホームに入居したときはひとりぼっちだった。普通の賃貸アパートにひとり暮らし、楽しみは和菓子だった。羊羹一本をぺろりと食べた。大福もよく買った。近くの和菓子屋だった。気の利いた和菓子屋だった。普通の豆大福ならせいぜい豆が4つくらいしか入っていない。ここの豆大福は餅の中に10個は赤エンドウが入っていた。あんの甘さもちょうど良く、豆の塩加減とよく合った。粒あんと赤エンドウが口の中でミックスしたところで緑茶を飲むのが何よりの楽しみだった。そのためかどうかは定かではないが、民子は糖尿病を患っている。せん妄らしき症状の1つの原因なのかも知れない。

民子の葬式騒ぎは1日で収束した。家族はいなかったので、かけた電話の相手は皆、友達だった。自分がお世話になったと思っている人にすべて電話をしたようだ。いくつか老人ホームから問い合わせがあったが、騒ぎにはならなかった。その電話を受けた人で、心配して訪ねて来る人はいなかった。

「民子さん。夕食の用意ができました」職員Bがドア越しに伝えた。

「はい」

それから10分しても民子は食堂に現れなかった。

「民子さん。入りますよ」職員Bが部屋に入ると、鏡に向かって民子は泣いていた。

「どうしたの、民子さん」

「…」

「お腹でも痛いのですか」

「…」

「どうしました」

「この方が葬式に来てくれました」

民子が指さした相手は、鏡に移った民子自身だった。

職員Bは食堂に戻った。それ以上話し相手になる時間はなかった。

話がしたい

福子は同じテーブルの人たちと話すことはなかった。しかし、福子が全く話をしないかというとそうではなかった。

「どなたさんでしたでしょうか」

「…」

「きれいな目をしておいでですね。どなたでしょうか」

「…」

「よかったら、お菓子を召し上がりませんか」

「…」

福子が話しているのはアイドルの男の子の写真だ。週刊誌に掲載されている写真だ。

「ごめんください」福子は、雑誌をソファーにおいて立ち上がった。

それは雑誌の写真ですよ、とはどの職員も言いはしない。しかし、雑誌の写真に話しかける福子と一緒に雑誌に話しかける職員もいない。

「お元気ですか」

「そうですか。お元気ですか」

「週間予報です…週末は雨になるでしょう…」

「雨は困りますね。お洗濯ができませんね」

「…以上、天気予報でした」

「はい、わかりました」

「衆議院予算委員会です…」

「はい。ご苦労さまです」

福子はテレビが好きである。テレビの登場人物と話をすることが多い。自室にあるテレビも見るが、テレビルームの大画面も好きだ。一緒にテレビを見る人はいない。いつもひとりだ。

「これは形のいい鯛ですね」

「はい。そうですね」

「今日は大漁です。鯛尽くしの夕食になりそうですね」

「お魚、焼きましょうか」

「皆さんも、今週は三浦半島沖が狙い目です。どうぞ釣りを楽しんでください」

「はい、ありがとうございます」

釣り番組と福子のやり取りだ。職員Ｂはそんな光景を見かけることがよくあった。

「つじつまが合うこと、理路整然としていること、矛盾のないこと、わかりやすいこと。社会の常識の中で人々は生きている。これを外すと相手にされなくなるのは、認知症でない人も同じだ。記憶や思考がつながらず、理路などというものは全くない語り。こうした語りは聞き流せばよいのか。あいづちを打てばよいのか」自問する職員Bだった。

「人間が会話を絶たれたとき、それは、社会との交流を絶たれたことを意味する。誰にも相手にされない人間。まともに話を聞いてもらえない人間。認知症という病気の人間の会話を成り立たせる手法はないのだろうか。それとも、認知症の病人を支えたり励ましたりすることは不要なのか。認知症と向き合って生きることを、壮絶な闘病記だとは誰も言わない」

職員Bは思った。

胃ろう

嘉子が倒れた。90歳の嘉子だったが、福子との2人だけのテーブルでこれまでは食事をしていた。福子の認知症は進んでいたので、2人が食事中に談笑することはなかった。それでも、テーブルに人がいることは相互に認識しており、チラッとお互い見やることはあった。そんな嘉子が倒れて頭を打った。それまでは一歩に10秒ほど要したものの、自分で歩いて食堂にやってきた。しかし、頭を打ってからは歩く意欲を失い、寝たきりの状態に陥ってしまった。食欲も失ってしまった。嘉子には娘がひとりいた。老人ホームの顧問医がそのひとり娘の了解を取って胃ろうを実施することにした。

嘉子は1週間ほど入院し、胃ろうのための手術を受け、退院した。もはや食堂に顔を出すことはなくなった。一日中ひとりぼっちの生活が始まった。嘉子は一日中天井を見ている。ガラスケースからチューブを通って液状の「食べもの」が流れて行く。咀嚼は必要ない。味覚もない。食物がのど元を過ぎるあの満足感もない。栄養だけが流れていく。娘はめったに顔を出さなかった。娘はすでに60歳を過ぎていた。未婚でひとり暮らしをしていた。嘉子が入居する前は2人で暮らしていた。嘉子が入居したときに一緒に来たが、その後は必要がない限り、訪ねてくることはなかった。

「嘉子さん。お食事ですよ」職員Gが声をかけた。職員Gは看護師だ。

「…」

頭を打ってからの嘉子は、表情も乏しかった。

「では、始めますよ」

チューブから流れてきた。ひとりだけの食事。

「ウ…」と嘉子がうなった。

「大丈夫ですか」

「…」

流れていることを確認すると、職員Gは足早に立ち去った。

溺死寸前

かつて一緒に散歩することをお互いに忘れた朝子と雪子のテーブルに、もうひとり、敦子がいる。敦子には忌まわしい体験がある。

敦子は老人ホーム入居前、高齢単身者賃貸住宅に入居していた。「単身者住宅」だから、もちろんひとりだ。当時88歳の敦子は、ひとりで、年金を引き出しに銀行に出向き、買い物をし、食事を作り、部屋の掃除をした。認知症が出ていた。転んで入院したこともある。実家は長野県小川村、おやきで村起こしに成功したところだ。山間の静かな村である。

その敦子を管理人が心配し、地域包括支援センターの職員も気にかけていた。

「敦子さん。老人ホームに入ったらどうかね」地域包括支援センターの職員が言った。

「私は何でもひとりでできるがね。大丈夫だ」と敦子。

「お茶飲むかね」

「いや、お茶の心配よりも自分の心配をしたらどうかね」

「あはは…」

「あははじゃないよ」

「このとおり元気だし、老人ホームに入る金もない。みんな甥や姪にやってしまった」

「甥や姪に協力してもらったらいい」

「やっちまったものはそのままでいい。助けてやったんだから、取り戻すことなど…」

「取り戻すんじゃないよ。協力してもらうんだ。家の中で事故にでもあったらどうする」

「大丈夫、大丈夫」

それから1か月後のある日の夕方、敦子はいつも通り買い物をして帰宅した。春風の強い3月初め頃だった。体の冷えを感じた敦子は玄関の鍵を閉めることなく風呂場に向かい、湯沸かしパネルを「自動」にセットした。セットといっても押すだけだ。

20分後、「オフロガワキマシタ」と自動音声が流れた。

衣服を脱ぎ、風呂場に入り、湯をかけ、早々に湯舟に浸かろうとした。

「あっ…」

湯舟に右足を入れたその瞬間、その右足が滑った。湯舟の掃除は頭を下げなければできない。敦子はそれが嫌だった。おっくうでもあった。湯舟の底はぬめりが微妙な層をなし、敦子の右足をすくった。

「ああ…」

敦子の小さな体は湯舟に沈み、もがく敦子を救うつかまり棒は湯舟の中にはなかった。敦子の顔は湯舟につかり呼吸が奪われた。

そこにちょうど管理人が回覧板を持って訪ねてきた。風呂場が騒がしい。湯舟に何かがぶつかる鈍い音が鳴り響いていた。管理人は急ぎサンダルを脱ぎ捨てて風呂場に向かう。

「どうしたの！」

管理人は必死の形相で敦子の体を引き上げた。引き上げるとすぐに台所の床に敦子を横たえ、背中を思いっきり叩いた。何度も叩いた。

「死んじゃだめだ。死んじゃだめだー。幸せにならにゃいかん」

敦子は湯を吐き出した。

「ああ…」

敦子は大きく息を吸った。

それから1か月後、わずかに残った金を入居金の一部に充て、入居金残金は年金から分割して払うことを認めてもらった敦子は、この老人ホームに入居した。

「お風呂が沸きましたよ」職員Eが呼びにきた。

「…」

「どうなさいました」

「一緒に入ってくれんかね」敦子は言った。

薬

「晶子さん、お薬ですよ」

職員Cがいつものとおり、朝食後の薬を持ってきた。

「はい、はい」言われるままに晶子は食後に薬を飲んだ。

「晶子さん、お薬ですよ」

職員Cがいつものとおり、昼食後の薬を持ってきた。

「はい、ご苦労様」言われるままに晶子は食後に薬を飲んだ。

夕食も同じように飲む。1年、続いた。

晶子は他の人と違い、1種類余分に薬を飲んでいる。それは精神安定剤だ。この薬を投与されることになったきっかけは、晶子の言動にあった。

「ううう…」とうなった晶子が入居者のひとりに突進したことがあった。理由は誰にもわからなかった。職員が制止し、事なきを得たが、晶子はその入居者を叩こうとした様子だった。

何かを取られると思ったのか、侮辱されたと思ったのか、いずれにせよ、晶子は、何かを侵害されたか、されると思ったのだろう。しかし、職員による原因究明はなされなかった。究明がなされなかった理由は、翌日、晶子が前日の突進騒ぎを忘れていたからだった。

「軽重はあっても、入居者は皆認知症に罹患している。時間、場所、人などの認知能力の低下がある。しかし、だからといって入居者の皆が、その感性までも認知能力に正比例して低下させているわけではない。まずいものは食べない。いやなものは拒否する。人の好き嫌いもはっきりしている。そうした入居者の真相の原因を究明しなくてもいいのだろうか…」こう思う職員はいなかった。有料老人ホームは、人々が人間関係の中で生きている場所であるとの認識に欠けていた。

晶子の突進は1回だけではなかった。

しかも、晶子には、入居者も職員も、聞くのをはばかるもの言いがあった。まさか、そんな発言をするとは、と皆が唖然とする叫びだった。

「〇〇〇したい…」「〇〇〇させて…」

老人ホームにおける性の問題はどちらかといえばタブー視されている。職員の間には、老人には性も何もないだろうと言わんばかりの空気が満ちている。晶子の発言は職員からも無視されたままだ。

そんな出来事があった後、晶子には精神安定剤が投与され続けた。しかし、同じものが同じ分量投与されたのではなかった。効き目を試すように、同じ精神安定剤の分量が変えられた。異なる精神安定剤に変えられることもあった。さらには、数種類の精神安定剤が投与されることもあった。数種類の精神安定剤投与が強い副作用を生むことがあると報告されているにもかかわらず、数種類投与されていた。

しばらくして、晶子の人に対する認知度が極端に落ちた。職員を入居者と間違えた。その逆も起きた。薬を拒否した。食事も拒否した。誰とも話すことがなくなり、施設内徘徊が始まった。

「薬を強いものに変えましょう」顧問医が言った。

新たな薬が投与され、晶子の徘徊はなくなり、生気も消えた。おとなしくなった晶子がいた。

社会貢献

晶子と同じテーブルの光子には夢があった。80歳の光子は、10年前に夫を亡くした。肺ガンだった。

「あんなにタバコを吸えば、肺ガンになっても不思議じゃない」

タバコについては厳しい光子だったが、この夫婦は仲が良かった。

夫が生きている頃のことだ。

「あさって、2人でマウイ島に行くのよ。ゴルフをしてきます」光子は友人に語った。

「これから、小金井カントリークラブで夫のお友達とゴルフなの」

「今度の日曜は夫と伊勢丹で買い物よ。100万円くらい買い物をするわ」

相手がどう思うかお構いなしだった。そんな調子だったがゆえに、夫の逝去後、光子に同情は集まらなかった。

「お気の毒さま」

「お寂しいわね」

「大丈夫?」

「元気を出して」

「気を落とさないで」

「できることは何でもしますから」

すべてが社交辞令だった。

光子夫婦の贅沢三昧は、夫が死亡するまで続いた。夫の資産は5億円。高度成長期、そしてバブル期に不動産で稼いだ金だ。子どもがいないこともあって、金が出て行かなかった。贅沢三昧の生活において、信頼できる友人は夫婦ともにできなかった。不動産を転がしては儲けていた夫に信頼できる人間関係はなかった。

それでも、夫婦には夢があった。それは、社会貢献だった。金を使えばできる社会貢献、2人が合点できる何かを探していた。

それぞれの母校に図書を寄贈するか、新会館建設費として自治会に寄付するか、高齢者のための福祉施設建設資金を提供するか。夫が強く希望していたことは、ガンの専門病院とリハビリの専門病院建設のために財産を寄付することだった。

「えっ。ガンの専門病院を作るの?」光子が聞いた。

「できたらいいね」夫が答えた。

「えっ。ガンの専門病院だけじゃなくて、リハビリ専門病院も作るの?」

「俺が作るわけじゃない。寄付するのさ。俺の資産では足りんだろうな」

「そんなことないわ。素敵ね」

「ああ」

「君の生活資金は取っておかなきゃね」

「あなたの生活資金は」

「俺は先に死ぬからいらない」

「どうして…」

「そんな気がする」

光子の夫は夢を実現することなく肺ガンで亡くなった。夫が残した遺言により、5億の遺産すべてを光子が相続した。そのことは老人ホームの職員も入居者も知らない。光子は今も社会貢献を夢見ている。夫の遺言のようにも思っている。何に使おうか。誰も助言者はいない。

活動の制約

光子と同じテーブルの富子は多才だ。もともと農家の出だが、入居したのちも、自宅裏の300坪の農地で野菜作りを続けている。自宅はホームのすぐ近くにある。街を出た子どもたちに野菜を送る、これが楽しみの1つだ。富子には入居者にいつも語りかけていることがある。

「野菜作り、ご一緒にいかがですか」

「…」

入居者で農業に関わりのある人は富子だけだ。富子は職員にも働きかける。

「皆さんもご一緒に野菜を作りませんか」

「ありがとうございます」と職員からは社交辞令が返るばかりだ。

春は菜っ葉。富子の作る菜はとにかく柔らかい。味噌汁の具にはうってつけだ。この菜の味噌汁とご飯だけで食事ができると思わせるくらいの美味な菜だ。だから、3月頃には老人ホームでも富子の作った菜っ葉の味噌汁が出る。富子は嬉しそうに食べる。

夏はトマト、ジャガイモ、長ネギ。秋はナス。冬は白菜、ブロッコリー。実に多彩だ。

しかし、最近、これらの野菜に苦情が出た。

「虫食い部分が結構あって気持ちが悪い」

「硬くて味が悪い」

「富子が得意げで不愉快だ」

「職員は富子にサービス過剰だ。ちやほやしすぎる」

「入居者は公平に扱ってほしい」

富子は野菜を老人ホームに持参することをやめた。子どもたちだけに送っている。

また、富子は信心深い。ある宗教の信者だ。他の入居者には知られていないが、熱心なほうだといえる。しかし、老人ホームでは、自室での宗教行為といえども敬遠されがちだ。大きな声での勤行は特にそうだ。入居者も様々であるがゆえのことだが、信教の自由が守られているとは言い難い。

さらに富子にはもう1つの生きがいがある。富子は油絵を描く。今84歳だが、24年前に始めた油絵だ。1枚数万円で売れるほどの腕前だ。絵手紙も描く。これも売れる。売るために描いているわけではないが、売ってほしいと言われるので売る。富子の悩みは描く場所が狭いことである。自室は40平米。個室ではあるが、荷物で溢れている。入居前は、小さな自宅とはいえ、今よりは広かった。タンスも3棹あった。すべて整理して入居したが、手放せないものも多かった。荷物とベッドのおかげで、床は畳2枚分くらいしか見えない。その2畳で絵を描いている。イーゼルを立てると自分が座る椅子しか置けない。この老人ホームは恵まれたほうだが、趣味の作業をする共用スペースは確保されていない。

身体的虐待

珠子、英子、純子、そして錦男の4人は同じテーブルだ。この4人に共通のことがある。それは虐待だ。虐待には5種類あると言われている。身体的、心理的、経済的、性的、放置の5種類だ。高齢者虐待防止法がそう定めている。

珠子は80歳。娘は商社マンと結婚し、イギリスに渡った。しかし、20年後、離婚して出戻った。53歳。子どもはいない。珠子はこの娘が出戻ってから同居を始めた。その頃、夫は重度の認知症のため特別養護老人ホームに入居していた。家族だとの識別ができないほどに認知症が進んでいた。珠子にも少し認知症状が出ていた。

「帰ってくれれば、お父さんは重度の認知症で、お母さんも軽いけど認知症だなんて…」娘は嘆いた。

「お母さん、大丈夫なの」

最初、娘は優しかった。父親の見舞いにも出向いた。はじめて父親を見舞ったときのことだった。

「お父さん、元気出してよ。お花買ってきたよ」

「…」

「何か言って」

「…」

「イギリス、うまくいかなかった。子どもができなかったので、あの人、浮気したの」

「…」

「なさけないやら、悔しいやら…離婚しちゃった」

「…」

父親が顔をしかめた。

「あ…」

「全くわからないの」

珠子も一緒に来ていた。

「聞こえているけど、意味がわからないようよ」珠子が答えた。

「かわいそう…」娘が言った。

出戻ったものの娘は仕事に就かなかった。

それから3か月が過ぎたある日。

「お母さん、そんなことも覚えていないの」

「お豆腐も買ってきてって、朝言ったでしょう」

午後5時、帰宅した珠子が持ち帰ったスーパーのビニール袋には、麻婆豆腐の素とニラと豚ひき肉、そして納豆が入っている。

「お母さん、納豆でどうやって麻婆豆腐を作るの。どうなのっ」娘は言葉を吐き捨てた。

「ごめんなさい」

「いいわ、私、買ってくる」

さらに3か月が過ぎた。

「お母さん、お風呂の水、出しっぱなしよっ」

湯舟から水が溢れていた。

「何？」と珠子。

「水よ、水…もう駄目なんだから。ほんとに駄目ね」

「これがガスだったらどうするの。火事よ。死んじゃうのよ」

火事、死ぬ、それくらいのことはわかる。火事なら死んでいた、それは娘の言う通りだ。しかし、水くらいでヒステリーにならないでよと珠子は思った。出戻った娘に気遣ってきたつもりだった。しかし、日毎に、娘の母への気遣いは薄れていった。

「お母さん、それ、私の靴」

父親を見舞うため、２人で出かけようとしていた玄関での出来事だった。

娘は、玄関のたたきに降りるやいなや、珠子が左足に履いた靴を両手でもぎ取った。弾みで珠子の左足は跳ね上がり、珠子の体はもんどり打って板の間に叩きつけられた。

「痛いっ」

「何よ、お母さんが悪いんでしょ」

「…」

珠子は仰向けのまま起き上がらなかった。頭の痛みより、何か悲しかった。閉じた瞼の裏側に涙が溜まっていた。

「お母さん、これ何っ」

それは珠子の尿だった。失禁が始まっていた。

「汚いなー…わあっ、臭い」

珠子は自分が失禁したことはわかっていた。しかし、娘から「汚い」と言われたことはショックだった。

「あんたのオシッコがたっぷり染み込んだオムツを私はどれだけ取り替えてやったことか。あんたのオシッコの匂いを毎日かがされた。私はいやじゃなかった。汚いとは思わなかった…」

「早く自分で拭いてよっ」

娘の怒号が珠子の心を打ち砕いた。

失禁が何度も続いた。その都度、娘は怒鳴り、二度とするなとわめいた。その度に、珠子は立ちすくんだ。

ある日、再び失禁をした。娘が近寄った。

「こんなに言ってもわからないなら…」

娘は珠子の腹部を握りこぶしで突いた。うずくまる珠子。

「立ちなさいよ。私はもう頭がおかしくなりそうだわ。こんな家、出てってやる」

珠子が頼んで居てもらったわけではない。勝手に戻って来た娘だった。子どもができず、夫の浮気に直面し、離婚した娘が不憫だった。珠子は、何もしてやれなかったとの負い目すら感じていた。

市の在宅支援係の職員の計らいで、珠子が養護老人ホームに一時保護されたのはその直後だった。老人福祉法による措置だった。お金には困っていなかった珠子は、やがて、その養護老人ホームよりも自然環境に恵まれたこの有料老人ホームに移った。

心理的虐待

「あんたなんか死ねばいい…」息子が言った。

英子は、入居前、息子と2人暮らしだった。夫は息子が生まれるとすぐにすい臓ガンで他界した。今、英子は73歳、息子は30歳だ。高齢出産だった。やっと授かった子どもだった。

「いい加減にしろ。何度言ったらわかるんだ」

「…」

「俺はお前のヘルパーじゃない」

「…」

「お前が死んでも葬式はしない」

「…」

「早く親父のところへ行け」

「…」

「俺はお前のために生きているんじゃない」

「…」

「これじゃいつまでたっても俺は結婚できねえ」

「…」

英子は、認知症に加え、次第に精神のバランスも崩していった。生きている意味がわからなくなっていった。

「最愛の息子なのに…年をとることは幸せになれないことなの…」英子はつぶやいた。

英子の深夜徘徊が始まった。夜遅く帰宅する息子と暗い路上でばったり出くわすこともあった。寝巻の裾がはだけている。裸足の英子に息子が叫んだ。

「俺に恥をかかせるつもりか」

息子は英子の髪を掴み、引きずるように英子を自宅に連れ戻した。自宅に入るやいなや息子は言った。

「殺してやる…」

深夜徘徊中に英子は巡回中の警察官に保護された。息子は英子を引き取りには来なかった。警察は英子を一時保護して一晩留め置き、翌朝市役所に連絡し、身元確認のうえ市長の措置を待ち養護老人ホームに英子を委ねた。そののち、英子は、養護老人ホームからこの老人ホームに移り住んだ。

「何のために生きているのかな…」

英子は空を見上げた。

経済的虐待

純子は自分の年金と夫の遺族年金で生活してきた。合計で月額28万円。恵まれた額だ。しかし、これらの年金が入金される預金通帳を純子は所持していない。通帳は60歳になる息子が握っている。幸い、この老人ホーム入居にあたり、月々の利用料の引き落としに息子夫婦も同意したが、月々の引き落とし以外には、職員が息子夫婦に懇願しない限り1円の金も出なかった。純子の年金なのだから、本来はおかしなことだ。

「純子さん。年金の受取口座を変更されてはいかがですか」職員Aが言った。

「怖いですから」と純子。

「どなたがですか」

「嫁ですよ」

「どうしてお嫁さんに気兼ねするのですか」

「息子と仲良くしてほしいですから…」

「入居前は同居なさっていたのでしょ」

「はい。3人暮らしでした。孫がいませんから」

「うまくいっていなかったのですか」

「息子は朝早くて夜遅いです。嫁はパートですから5時には帰ってきます。息子は土日も外に出ることが多くて、私は嫁と暮らしているようでした。怖いんです」

「何が怖いのですか」

「怒鳴るんですよ。私がそそうをすると。味噌汁をこぼしても。電気を消し忘れても」

「それくらいのことで…」

「味噌汁がもったいない、電気代がもったいないと言うんです。私は私の通帳からお金を下ろしたことはありません。いつも嫁がやっていました。私はお金をもらったことはありません」

「でも、純子さんの年金でしょ」

「はい。そうですが、私が私の金だといえば、嫁は息子に怒鳴りました。あなたのお母さんとこの家を管理しているのは私だと、怒鳴っていました」

「純子さんを管理…」

「はい…私はいろいろできないことがありますから」

「ほしいものがあるときはどうなさったのですか」

「手をついて嫁に頼みました。何度も頼みました」

「ほんとうの話ですか。純子さんのお金ですよ」

「理屈はそうですが…手をついて頼みました」

職員Aは純子との問答を打ち切った。純子の顔色が青白くなってきたのを見て取った。年金を同居の家族に支配されている人が目の前で不安そうにしていた。

放置

錦男の妻は5年前に認知症を発症し、夫である錦男が4年間自宅で介護したのち、グループホームに入居した。錦男そして妻ともに87歳だった。そして、2人には養女がひとりいる。

錦男の妻が入居したグループホームだが、非営利の法人が経営しているということで、錦男は信用した。案内書には、アンティークな建物で安心して暮らせますと書いてあった。施設を見ずに契約したことを、錦男は後悔した。それもそのはず、妻が入居した建物は、築50年ものの民家を借り上げたもので、その古さは尋常ではなかった。モルタルの安普請の建物だったから、アンティークなどというイメージとはほど遠かった。ただの古びた建物だった。それでも月額20万円も請求された。9人の入居者がいたが、全員認知症だった。グループホームは、本人の残存能力を生かしながら、少しでも快適な生活を送っていただく家庭のような施設だと説明を受けていた錦男は、建物を見ただけで騙されたと感じた。実際、妻の残存能力を生かす活動など何もなかった。食事も職員と入居者とで作ると聞かされていたが、作るのは職員だけだった。入居者は手を出してほしくないという雰囲気が充満していた。

「これはいったい何だ。これでは、妻の認知症はますます進行してしまう。何もさせないグループホーム、そんなところがあっていいのか。こんな法人を介護保険事業に参入させた行政は、いったい何をチェックしたというのだ…」

錦男が、妻を退所させようと決意するのに時間はかからなかった。

妻が自宅に戻れば老老介護になってしまう。錦男は自信がなかった。何とか受け入れてくれる施設はないものか、錦男は必死で探した。民生委員、市役所、社会福祉協議会、地域包括支援センター。訪ねては相談、これを繰り返した。

どの施設も100人待ちだと聞いていたにもかかわらず、意外にも、自宅から車で20分ほどの特別養護老人ホームに空きがあった。

運が良かったと思えた特別養護老人ホームだったが、錦男は満足していない。ホーム長は、このホームの底地の所有者の息子だが、福祉の資格は一切持っていない。施設には、当然のことだが、法定の職員数は揃っているものの、妻を置いておく施設ではないと、錦男は思っている。

介護の手法があまりにもぞんざいであること。ホーム内の雰囲気が極めて暗いこと。食事がまずいこと。入居者に対する職員の声掛けが極めて少ないこと。施設内に、植物も絵画もなく、心休まる装飾品は一切置かれていないことなど、不満ばかりだ。それでも特別養護老人ホームは、月々の経費が安く、また、なかなか入居できないことから、他の入居者は、誰も退所しようとはしない。家族が退所を望まないケースも多そうだ。しかし、錦男がこの有料老人ホームに入居した今となっては、妻をこちらに転所させたいと思っている。

さて、錦男の養女であるが、錦男の自宅から1キロほど離れた所に暮らしていたが、錦男が妻の介護をしているとき、一度も訪ねてくることはなかった。やがて養女は、錦男も認知症だと知ったが、それでも訪ねてくることはなかった。

錦男の自宅は100坪の土地と平屋の家だ。土地だけで時価6000万円は下らない。しかし、錦男の預金はさほどの額ではなかった。この老人ホームの入居一時金を払ったのちの預金残高は1000万円ほどでしかない。年金は国民年金だから、月額で4万円ほどだ。妻は掛金を支払ってこなかったので年金はない。夫婦2人の月々の施設費用は合計で28万円ほどだから、月額24万円を預金から取り崩す。預金は4年で底を突く。錦男は自宅の売却を考えはじめている。

養女による錦男夫婦の放置は、錦男の生活を成り立たせないほどのものではなかった。しかし、若くして死んだ錦男の妹の子どもを養女とし、幼稚園、私立小中高一貫校、そして私立女子大にまで通わせた。それにもかかわらず、大学卒業後に家を出てからは寄りつかなくなった。その養女に対し、錦男は裏切られた思いを抱いていた。

「もっとひどい放置もあるはずだ。私など、どうということはない」

そう思おうと努める錦男ではあったが、年を取ってから子どもに突き放されるのは、心にこたえた。

殺される

「自宅での世話はもう限界だ」長男が言った。

「あなたが限界なら、私は限界を超えてるわ」長男の妻が言った。

認知症の悠一の家庭内介護をめぐる長男夫婦の会話だ。悠一の妻は悠一よりも早く認知症があらわれた。悠一の妻は自室にこもり、長男夫婦に関わることはなかった。徘徊もなかった。在宅介護のヘルパーの支援だけで足りた。長男夫婦は手をかけずに済んでいた。しかし、父親の悠一は正反対だった。家じゅうを行き来し、長男夫婦にも様々な要求を突き付けた。

朝起きると、「お茶を入れてくれ」と台所にあらわれる。

朝食が済んだ1時間後、「メシはまだか」と食堂にあらわれた。時計の針が午前10時を指すと、「おやつの時間だ」と言っては台所にあらわれた。「塩煎餅を買って来い」と長男の妻に命令した。午前11時になると、「風呂はまだか」と言った。休日の朝、長男に、「仕事を休んじゃいかん。早く行け」と急き立てた。庭の花は、咲くたびにもぎ取った。散歩してくるとも言わずに8時間もいなくなり、長男が警察に捜索を願い出たこともあった。

「施設を探そう」長男が言った。

「早くしてください。私は狂いそうです」長男の妻が応じた。

やがて、この有料老人ホームへの入所が決まった。

長男は入居一時金を用意するため、悠一名義の預金通帳を持っていつもの銀行に赴いた。しかし、行員は言った。

「この金額ではお支払いは難しいですね」

「どうしてですか」

「金額が大きいですので」

「今まで私が払い出し手続きをしていましたが」

「金額が大きいことと、お父様のお具合が悪いと聞いております」

行員は成年後見人をご検討くださいと助言した。

長男は、後日やむなく後見開始の申立てをするため家庭裁判所に出向いた。裁判所が後見人を選任したちょうどその頃、悠一はこのホームに入居した。

就任早々、後見人は悠一に面会するためホームに出向いた。後見人は受付で悠一の名前を言い、そして後見人であることを伝えると、悠一の部屋番号を教えてくれた。案内するとは言わなかった。12号室と聞き、エレベーターに乗った。受付は2階で居室は1階だから、後見人は1のボタンを押した。エレベーターが1階に止まり、扉がゆっくりと開いた。扉の近くには誰もいなかったが、すぐわきの待合所のようなソファーに男性の高齢者がひとり、そわそわした様子で立ったり座ったりしていた。

後見人を見るなり、その高齢者が叫んだ。

「殺される…」

この訴えは1回だけではなかった。

「どうなさいましたか」後見人が尋ねた。

高齢者は答えなかった。

後見人はその場を離れ12号室を訪ねた。鍵はかかっていなかった。こんにちは、と言いながらドアを開けたが誰もいなかった。部屋の内部は、あまりにも味気なかった。何も家具がない。悠一の持ち物らしい品は何もなかった。これでは悠一の歴史は何も感じ取れない。

「もしや先程の方が悠一さん…」後見人はエレベーターの方に戻り、先程の高齢者に声をかけた。やはり悠一だった。

「殺される」

後見人は、再び、「どうしましたか」と尋ねた。悠一は返答しなかった。後見人は悠一を12号室に誘導した。理解は難しいな、と思いつつ、後見人とは何をする者かの説明をひととおりして、また来ますよと告げ12号室を後にした。後見人は受付に戻り、思い切って尋ねることにした。

「悠一さんが大きな声で叫んでいましたが…」

「殺される、ですか…口癖なんですよ」

受付の女性はさらりと答えた。それだけだった。

「何か妄想があるのでしょうか」後見人が尋ねた。

「いえ。夜になれば静かになられます」

ご苦労様でしたと付け加え、その女性は受付カウンターを離れ事務室に戻った。

「口癖」で済ましていいことだろうか。後見人は、なるべく頻繁に訪問することを決め、ホームを出た。

早く死にたい

「早く死なせてください」

経管栄養摂取中の静子の口から出た言葉だ。点滴の様子とまったく同じである。流動食とは異なる液体が、管を通って静子の鼻を経由し食道へと流れて行く。寝たきりの静子を訪ねる者は、ヘルパーと看護師しかいない。ヘルパーと看護師は、仕事を終えるとすぐに部屋を出て行ってしまう。この高齢者の思い出話に付き合ってはくれない。だから、この高齢者は、ひとりぼっちであり、楽しみは何もない。まだ78歳だ。これから10年、あるいは20年、まったく同じこの生活が繰り返されるのか。出口のないトンネルをただ歩くような感覚だろうか。

「早く死なせてください」と表情を変えずに語るその姿を前にして、この方の生きがいを見つけだそうと模索する職員は誰もいない。朝昼夕そして深夜のヘルパーの訪問と、朝昼夕の看護師の訪問だけが繰り返される。

様々な歴史を抱えた入居者の、心を満たす介護を実施している施設は決して多くない。介護保険のサービスそのものが、高齢者の心を満たすサービスになっていないからだ。衣食住が満たされればそれでいいというものではない。人間としての文化的生活、特に、高齢者にとって、老後の人間関係作りを支援することが不可欠だ。わが身が静子と同じだったとすれば、「早く死なせてください」と言うにちがいない。

第2章　現実を変えられるか

第1章に登場した26名の入居者の方々の生き様が、本人の希望するものでないことは明らかだ。ではそれを誰が変えるのか。どうやって変えるのか。また、そもそも、第1章と正反対の「老人ホーム」はあるのだろうか。あるとすれば、どうすればそれを見つけることができるのだろう。第2章では、26名の何人かに語っていただいた。不幸を味わった方々ほど情報が豊富だ。皆さんが元気だと仮定しての談話である。草萌える、春の有料老人ホームのガーデン。皆さんが集まった。

刺激のない一日

春子さんが話し出した。

「食べて寝るだけの毎日。何とかしてほしいね。レクレーションもあるが、楽しくないね。カラオケだって飽きちゃうよ。嫌いな人もいる。音楽療法なんてのもあるが、ホントに効果があるのかね。職員は私たちの気持ちがわかっていないよ。もちろん遊びも大切さ。でもね、よく遊びよく学べ、と言うじゃないの。認知症の高齢者だって学びたいんですよ。新しいことを知りたいんですよ。何だってすぐに忘れるじゃないか、なんてひどいことを言う人がいる。でも、いいじゃないの、忘れたって。学んだそのときの実感というか、充実感が嬉しいんだよ」

食堂で花子に苦情を言った龍男が応じた。

「確かにそうだ。学びね…。忘れていたね」

春子が続けた。

「ひょっとしたら認知症の進行が少しは遅れるかもしれないでしょ。認知症を根治する方法は発見されていないんだから、本来人間が必要とする環境やチャンスを認知症の人々にも提供すべきだよ。筋肉だって使わなければ弱るんだから。認知症は人それぞれだから、その人に応じた学びの場が欲しいもんだよ。私の息子は55歳だけれど、何を考えたのか大学院に行き始めたよ。何を勉強しているのか知らないけれど、少し生き生きしてきたね。私たちだって同じじゃないかい。遊んでるだけじゃ人間関係などできないしね」

しかし、龍男が何かを思い出したように疑問を投じた。

「ここだって習字をやってるじゃないか。それじゃ足りないかい」

「足りないね。手を動かすのはいいことだろうよ。希望、元気、家族、四文字なら春の草花、なんてね。でも、それでは足りないわね。認知症の患者だって、新しいことを知りたいのよ。新聞だって読みたいのよ。忘れるからいらないなんて言ってほしくないわ。新しいことを学びたいし、忘れたことを再び学びたいのよ。どうせ新聞なんか読めないと多くの職員は思っているわね。でも、寄り添って、新聞を開いて語りかけてほしいね。できないことは必要ない、って考えないでほしいのですよ」と、春子。

学習を取り入れている施設は決して多くはない。認知症の治療に役立つとの観点から取り入れているところがわずかにはあるようだ。しかし、治療の視点だけでなく、人間としての当然の欲求に「学ぶ」ことがあることを理解した施設の登場を期待したい。「働く」ことも同様だろう。「遊ぶ」だけでは足りない。

施設内孤独

龍男が言う。

「私だって花子さんにいろいろ言いたくないさ。椅子を間違えるなんてことはたいしたことじゃないですよ。でもね、ひとりぼっちなんだよ。施設ではひとりぼっちだよ。誰も私のことなど関心を持ってくれない。そんな私の座席を、たとえ間違いとはいえ占領されることは、何というのかね、存在を否定されるというか、私の居場所がなくなるというか、わかってもらえないかね」

春子がそれを受け止めた。

「ここにいる者なら皆わかるよ。皆が孤独だからね。まだ元気なうちに入所すれば少しは違うかもしれないね。コミュニケーションをはかる能力もあるうちにね。…孤独とは、人間関係が作れないってことですよ」

龍男。「そうは言ったって、具合が悪いから入所するんですよ。元気なうちは家にいたいからね。そうだとすれば、職員さんだね。あの人たちが人間関係を作ってくれたらいいんだよ」

花子が加わった。「それは無理でしょ」

龍男。「どうしてだい」

花子。「職員さんの仕事は、介護保険のサービスを私たちに提供することでしょう。人間関係作りは職員の仕事ではないのですよ」

龍男。「それはおかしいんじゃないか。人間が生きているんだ。ひとりじゃなくて、26人が生きているんだ。その人間関係作りが仕事じゃないなんて、仕事じゃないなどと契約書にでも書いてあるというのかね」

花子。「契約書には書いてないわ。人間関係作りはサービスの中に入っていないんですよ」

龍男。「サービスとして入っていなくたって、住みよい環境作りとか、快適な生活空間を提供するとか、何か書いてあるだろう。そうだとすれば、人間関係作りは当然のことじゃないか」

春子が割って入った。「龍男さん。カリカリしないでくださいな。花子さんは貴方を責めてるわけじゃないんですよ。具体的なサービスの1つになっていないと言っているんですよ。

サービスの1つになっていなければ、どこまで何をするかは曖昧だわね。それと、人間関係作りに時間を取られ、介護サービスが滞ってしまったのでは老人ホームとしては明らかな契約違反になってしまうでしょ。だから、人間関係の点は後回しになるわけよ」

龍男。「そんな老人ホームには入りたくないね。そば屋は注文したそばが出てくればそれでいい。そば屋で人間関係まで注文する客などいないさ。だがね、ここは終の住処ですよ。毎日ここで生きているんだよ。…いや、そば屋だって店員がそっと話しかけてくれればうれしいもんだよ」

春子。「龍男さん。あなたも私も、老人ホームを選び間違えたようね。探さなかった私たちが悪いね。といっても、認知症の私たちには探す力はなかったけどね」

龍男。「われわれは手遅れということか」

春子。「そうさね。高い入居一時金を支払ってしまったからね。退所するときに満額返ってくる有料老人ホームなどありませんよ。一時金のいらない老人施設といえば特別養護老人ホームだね。そこなら退所することでのお金の損失はないわね。でもね、あらためて特別養護老人ホームに転居することなど、今は土台無理だわね。ひとつのホームに待機者が数百名もいるそうですよ。それに、すでに特別養護老人ホームに入居している人が、入居のまま、別の特別養護老人ホームに入居申込することなどは現実的ではないね。どこがいいか、特別養護老人ホームか有料老人ホームかなどは…えぇと、少し長い名前の…そうそう、地域包括支援センターとかいうところに相談すればよかったのよ。それから、成年後見人を引き受けている社会福祉士さんが施設の良し悪しをよく知っている、とも聞いたことがあるね。あの方たちは施設の有り様を丁寧に見ているのよ。いずれにしても、私たちは手遅れだね」

龍男。「それなら、ここの老人ホームに改善してもらうしかないな」

春子。「そうね。でも、誰がそんなことを求められるかね。私たちは認知症だよ。しっかり話せる人などひとりもいないのですよ」

春子さんが話していた「地域包括支援センター」とは、人口3万人あたり1か所設置との方針で各市区町村に置かれている。市区町村が直営するものと市区町村が社会福祉法人や医療法人に委託しているものとがある。平成18年の介護保険法の改正で設置が決まった。そこには、保健師（または看護師）、社会福祉士、主任ケアマネジャーの3職種がおり、「要支援」の方のケアプラン作り、さらに高齢者の権利擁護や介護職の方々への支援等の仕事をしている。

弾んだ会話

春子の隣のテーブルで話が弾んだ朝子と雪子。散歩の約束まで話は進んだが、2人とも忘れてしまった。だから散歩は実現しなかった。

朝子。「誰か一言話してくれたらよかったのに」

雪子。「そうよね。残念だったわ。でも、私たちは、約束した内容だけじゃなくて、約束そのものを忘れちゃったのね」

朝子。「そうよ。…でもね、もしも、雪子さんは散歩の約束を覚えていて、私だけが約束そのものを忘れちゃっていたら大変だわ」

雪子。「どうして大変なの」

朝子。「だって、雪子さんは散歩に行くつもりなのに私はそれを無視しているようになってしまうからよ」

雪子。「そうね。いやだわね」

朝子。「私たちには、絶対、日常生活の中で、介護サービス以外にもサポートしてくれる人が必要なのよ」

雪子。「それなら、誰がそれをホームに求めてくれるのかしら」

朝子。「家族だわね。私たちは約束を忘れちゃうのだから」

雪子。「家族がいればいいけど、いない人はどうするの」

朝子。「困るわね。…春子さんが話していた成年後見人かしらね」

雪子。「成年後見人？　何、それ」

朝子。「判断能力が低下した人に裁判所が選んでつけてくれるのですって。詳しいことは知らないわ」

雪子。「お金、かかるんでしょ」

朝子。「裁判所が決めるので、お金のない人でも頼めるらしいけれど、詳しいことは知らないわ」

雪子。「でも、ホームの人が気付いてくれるのが一番だわね」

朝子。「そうね…。でも、私たちの場合、気付いてくれなかったわね…」

個人情報

認知症の方々が入所する施設では、入所者が他の入所者の個人情報にかかわることを質問し合うことはほとんどない。しかし、銀座の出身にこだわった政子のように、本人の個人情報を職員が正確に把握していないために、施設の中で入居者どうしの混乱が起きることがある。

政子は言う。「私は銀座の出身ではないわ。深川よ。でもね、私の父は銀座で自営業をしていたのだから、私が銀座にこだわったとしても人からとやかく言われる筋合いではないわ」

春子。「それはそうね。でも、そのこだわりが他の入居者とのトラブルになるようでは困るわね」

政子。「トラブル？　それは困るわね。でも、私も認知症、あなたも認知症。そうであれば、やはり職員が、私の個人情報について気配りすべきよ。私は銀座の出身でいたいのだから、それが少し事実と違うとしても、私がそうしたいのだから、その気持ちを職員は理解すべきだわ」

春子。「政子さんの言いたいことはわかったわ。でも、職員にあなたの出身やそのことに関するあなたの気持ちを、誰があらかじめ職員に話すというの。家族ですか、成年後見人ですか。家族がいなかったり、家族があなたの気持ちをわかっていなかった場合、そして、あなたがあなたの気持ちを誰にも説明できていなかった場合、誰が職員に説明できるというのですか」

政子。「無理よね。それはわかるわ。それなら、私たち認知症の者の気持ちは誰が察してくれるの」

春子。「家族や、職員さん、または成年後見人が気付いてくれないとだめね」

政子。「私たちの気持ちは置き去りってことですか」

春子。「そんなことはないわ。家族がいなくとも、家族がだめでも、職員さんや成年後見人が気付いてくれれば大丈夫だわ」

政子。「気付いてくれる職員や成年後見人ですか…」

個人情報は、開示目的を説明したうえで本人の了解が得られればその目的のために使用することはできる。しかし、認知症の方の「了解」では本人の了解を取れたかといえば疑問が残る。家族や成年後見人との意見交換の中で、本人の個人情報の扱いは本人の最善の利益を図りながら個々に老人ホームにおいて決定することになる。老人ホームの覚悟と自信が重要だ。覚悟と自信を兼ね備えた施設を見つけることが肝要だ。

入所者の歴史

春子はいさむと幼なじみだった。しかし、その歴史は職員も他の入居者も知らない。職員が最初に入居者と出会った時点で、入居者の歴史は可能な限り把握してほしい。もちろん、本人や家族が開示した範囲においてである。成年後見人も同じである。本人の歴史を職員や成年後見人がある程度知っていることは、本人の身上監護において極めて有益である。本人の希望を推測することがわずかでも容易になるからだ。個人情報であることを理由に本人や家族に尋ねない老人ホームもある。本人や家族が拒否すればいたしかたない。しかし、そもそも尋ねないという姿勢は問題だ。選びたくない老人ホームというほかない。

春子。「いさむさんとのことは誰も知らないわ。子どもの頃の楽しい思い出。私は聞いてほしいわね。話したいわね。話したくない人はそれでいいのよ。でも、自分の歴史で話したいことはたくさんあるはずよ。自慢したいこともたくさんあるわ。他人様から見ればたいしたことではないから、聞くほうは大変よね。でも聞いてほしいわね。子どものことや、死んだ夫のこと。夫との楽しい思い出…」

龍男。「私も話したいことはたくさんある。息子のことなど。話すことで新しい自分になれるような気がする」

男女の関係

龍男と冬子の性的な問題があった。施設では「性」はタブーだ。しかし、人間の欲求として性は当然のものであり、本来健全なものだ。とすれば、施設入居者に関して、老人ホームや職員は、その対応についてわかっていなければならない。龍男と冬子の関係はもっと早く対応すべきものだった。対応が早ければ、施設内結婚もありえたかもしれない。施設における健全な性的関係に一歩を踏み出す時期に来ている。終の住処における最善の幸福とは何かを追い続ける老人ホームが増えてほしい。

家族からの虐待と施設の役割

家族から様々な虐待を受けて施設に避難する高齢者が後を絶たない。虐待に関しては、高齢者虐待防止法が高齢者を守っている。市区町村では、老人福祉法の措置により高齢者を養護老人ホームや特別養護老人ホームに入所させることができる。

珠子は身体的虐待を受けた。英子は心理的虐待だった。純子は経済的虐待、錦男は放置だった。法律が定める虐待にはもう1つ、性的虐待がある。

珠子。「娘から暴力を受けることほど悲しいことはありません」

英子。「息子から、死ねと言われましたね。この苦しみを味わうことなく死にたかった」

純子。「息子の伴侶がどんな人か、それによって幸せな母親と不幸な母親に分かれるというのは悲しいことですね」

錦男。「私ども夫婦は、赤ん坊のときに引き取った養女に放置されたわけですが、もっとひどいケースもあるんでしょうね。実の子どもが全く関わってくれないことは一番悲しいことでしょうかね」

虐待からの救済は、介護職の方々や地域からの通報が頼りだ。特に高齢者の在宅生活を支援する介護職の方々からの通報は重要である。

第3章　高齢期を幸福に生きる人々

施設の入所者だけでなく、在宅の方も含め、有機的な社会関係の中で、ささやかでもそのいのちを輝かせる生き様をご紹介して、希望をつなぎたい。有機的とは、有機体のように多くの部分が集まって1つの全体を構成し、そのそれぞれの部分が密接に結びついていてお互いに影響を及ぼしあっているさまをいう。有機体とは、生命現象を持っている個体、すなわち生物のことである。

社会貢献

甲子は共同墓地の前に立っていた。初秋、快晴の土曜日だった。

「立派なお墓ですね」住職が声をかけた。

「はい」甲子が応じる。

その日は、100名納骨可能な共同墓地の開眼供養の日だった。甲子は、有料老人ホームの職員に付き添われて、その墓が建立された寺院を訪れていた。

「ただ今から、ご住職に開眼供養をお願いいたします」

甲子の成年後見人である弁護士が言った。わずか5分で供養は終わり、住職は寺務所に戻って行った。「5分」は、参集した高齢者に配慮したものだった。

「ありがとうございます」集まった高齢者のひとりが甲子に声をかけた。

「いいえ」と甲子。

この日、10名ほどの高齢者が集まった。出資者であり、墓地利用者でもある甲子と同じ立場の人が2名、そして墓地利用を申し出た高齢者が7名だった。7名の中には、すでに亡くなった妻の納骨を希望する人も含まれていた。その日すでに15名の利用が登録されていた。3名の人が出資したことは、皆、知っていた。

「私は独身でこの年まで生きてきました。夫も子どももいませんから、お墓のことは気になっておりました」7名の中のひとりが言った。

「そうですか。私も子どもはおりません。夫は20年前に他界しました」と甲子。

「そうですか。お寂しいですね。それにしても、多額のご出資、ありがとうございました。私などには、金銭的なゆとりがなく、とてもできないことです。ありがとうございました」

「いいえ。私ではなく、夫が協力させていただいたようなもので…夫は、生前、社会に貢献したいと申しておりました。夫の遺志を遂げさせていただいただけです」

共同墓地の建立費用は4000万円ほどだった。甲子は2000万円を負担した。それでも困らないだけの資産を甲子は夫から相続していた。その夫は、東京都の霊園だが、甲子が建立した墓にすでに埋葬されていた。ただし、祭祀承継者が途絶えた場合には墓を撤去しなければならない規則になっていた。甲子はそのことを知らなかった。霊園から説明を受けたとの記憶もなかった。この事情と、夫の社会貢献の遺志が、今回の共同墓地建立のきっかけとなった。甲子は、入居中の有料老人ホームで何不自由なく暮らしている。しかし、甲子の今の生活を支える親族や友人はいない。甲子とは歴史を共有していない介護職員だけが甲子を支えている。そんな甲子の人的環境にあって、この墓地の建立は、甲子に新たな縁を作るきっかけとなるかもしれなかった。

開眼供養から半年が経ったある日、甲子に5人の訪問者があった。開眼供養の日に初めて出会った高齢者9人の中の5人だった。

「一度、お訪ねしようと思っておりました」5人は口々にそう言った。

甲子が自宅を売り、有料老人ホームに入居してから、一度の訪問者は多くて2人だった。後見人を務めている弁護士とその法律事務所の職員だ。

「こんな遠くまでよくお越し下さいました」甲子はやや興奮気味だった。

人が人を訪ねるというごく当たり前のことが、施設にお世話になるとパタリとなくなる。せいぜい親族が訪ねるくらいだ。夫婦や子どもであれば頻繁に訪問が期待されるが、そうでなければ親族といえども、訪問回数は期待できない。子どもであっても期待できない場合が少なくない。それが、5人もの訪問者だ。共同墓地建立までは赤の他人だった人たちだ。

「ありがとうございます。こんなに遠くまで」甲子は繰り返した。

正直なところ、甲子は5人全員とも覚えていなかった。認知症中度を過ぎた甲子が9人全員を記憶していることは期待するほうが酷だった。それでも甲子は、5人を心から迎え入れた。

「こんなに遠くまで…」他の言葉が思いつかない。5人の名前を覚えていないので、名前で声掛けができない。5人に付き添ってきた甲子の成年後見人が察して、5人を改めて紹介した。

「半年前に皆様お会いいただいておりますが、改めてご紹介いたします」

成年後見人はひとりひとり紹介した。甲子に全員を覚える記憶力のないことを後見人は知っていた。それでも、ひとりひとり、お名前と、住まいと、略歴を説明した。自宅でひとり暮らしの方、夫婦で在宅の方、施設にひとりで入居している方、施設に夫婦で入居している方。子どもと暮らしている方はいなかった。施設の世話になっているか、在宅で頑張っている方々だ。

5人は甲子と一緒に食堂に案内され、皆が着席した。この食堂からは富士山が望める。開眼供養から半年後の早春の富士。その富士の裾野で桜が満開だ。ガラス窓は20畳分ほどはあるだろうか、仕切りのない一枚ガラスだ。

「すごい」

「きれい」

「いいですね」

「生まれ変わったようです」

「甲子さん、お幸せね」

「ありがとうございます」

5人は感激の声をあげたが、甲子にとっては見慣れた風景だった。

5人が訪れたのはちょうど3時のおやつ時だった。地元の和菓子とお茶のもてなしがあった。5人は富士から目を落とし、何やら準備をはじめた。5人は、それぞれが思い思いの品を用意してきていた。

「甲子さん、母の和服で作った小物入れです」

「甲子さん、ユウスゲの苗です。国産ですからきれいですよ。竹久夢二の美人画のような花が咲きます。甲子さんに似ている優しい花ですよ」

ユウスゲ、とはキスゲの別名だが、毎年6月から7月の1か月ほどの期間、夕方から明け方まで、黄色の花を咲かす。国産であれば、百合よりも細くしなやかな花をつける。香りも上品だ。お世辞でも甲子は嬉しかった。

「甲子さん、私が作った下駄です。夏祭りに履いてくださいね。日曜教室で習いました」

プレゼントはまだ続いた。

「甲子さん、私は歯科医でしたので、あとで歯の検診をして差し上げます」

ちょっとおかしなプレゼントだ。皆、ほんの少しだけ笑った。

最後は、富士と桜に打ってつけのプレゼントだった。

「これから、甲子さんと皆様にお茶を点てさせていただきます。自分からは申し上げにくいのですが、私は、裏千家の免状を持っております。自慢のようでごめんなさい」

5名のプレゼントの発表が終わった。

甲子はうつむいていた。

「どうかなさいましたか」成年後見人が気遣った。

甲子は泣いていた。こんなことは初めてだった。夫と2人だけで生きてきた。子どもに恵まれなかった、夫には尽くした。夫との生活の中で辛いときもあったが、会社を経営する夫を頑張って支えてきた。しかし、甲子が60歳のとき、夫は旅立った。ひとりぼっちになった。こんなに大勢の人たちからプレゼントをいただいたことはなかった。幼稚園や小学校でお誕生会があるような時代ではなかった。戦争時代が青春時代と重なっていた。ホームでも誕生会はある。しかし、順番に廻ってくる誕生会だ。甲子が皆のために何かをしたからではなく、生きているだけで訪れる誕生会だ。

自分が作った資産ではない。夫が作った資産だ。夫を支えてきたとはいえ、甲子には自分が築いた資産だとの認識はなかった。その資産の一部を使わせてもらって、甲子の夫を含め４人で建てた共同墓地。そのことが今日につながるとは、甲子は夢にも思っていなかった。甲子は夫に感謝し、テーブルの下でそっと手を合わせた。

皆は和室に移り、茶会が始まった。夕刻まで、甲子にとって忘れられない時間が刻まれていった。

特別の品を買い求めるわけではないプレゼント。これまで大切にしていた物の一部を差し上げるプレゼント、そして、これまでに自分が身につけた技術を披露する中でのプレゼント。受け取る側はもちろん主役だが、贈る側も、長い道のりを歩いてきたがゆえに主役になれるプレゼントだ。お金はかからないが、受け取る側に善意を心いっぱいに感じさせ、贈る側には思い出を喚起させたり自分の人生の足跡を思い起こさせるプレゼント。

そんな人間関係のご縁が少しだけ花開いた。

在宅生活を全う

「乙子さん、居たかい」

3軒隣の豆腐屋の親父さんが訪ねてきた。乙子はこの人物を、豆腐屋さんと呼んでいる。

「どうしたのかね、豆腐屋さん」と乙子。

「乙子さんよ、悪いが俺に浴衣を縫ってくれないか。縫い賃は払うから。ただ、街で買うよりは安くしてくれよ」豆腐屋は頼んだ。乙子は和裁も洋裁もできた。乙子が35歳のときに夫をなくしてから、乙子は独身で通してきた。食べるために和裁と洋裁の腕を磨いた。

「わかったよ」乙子は答えた。

乙子はすでに80歳だ。足が悪いものの手先の器用さは変わっていなかった。幸いなことに老眼もさほど進まず、眼鏡をかければ容易に針に糸を通すことができた。まだまだ現役だ。

建坪20坪ほどの小さな家にひとりで暮らしている。2階に下宿人を置いたこともあるが、現金がなくなったことがあり、それ以来やめた。庭も20坪ほどだからさほど広くはない。広くない庭だが、梅に桜、ボタンにシャクナゲ、そして藤は紫と白が揃っていた。その庭を眺めることが乙子の最大の楽しみだった。6月には、ユウスゲの花も咲いた。一晩中、乙子を見守るユウスゲの花。薄黄色で控えめなすがすがしい花だ。

「乙子さん、居たかい」今度は、隣町の医者がやって来た。

「あたしゃどこも悪くないよ」と乙子。

「ちがうちがう。医者として来たわけじゃない。頼みがあってさ」と医者。

「何だい。あたしにできることは縫物だけだよ」

「その縫物の頼みだよ…。こっちへ入れ」と医者が言うと、医者の娘があらわれた。

「何だい、藍ちゃんじゃないか。女らしくなったね。あの鼻たらしの子がさ」

「乙子さんよ。この子がおめえにウエディングドレスを縫ってほしいって言うんだよ」

「おばさん、お願いします」と藍子。

「あんた、お医者さんならお金があるだろう。買ってやったらどうだい」

「いや、おめえが作ったドレスが着たいって言うんだよ」

「おばさん。私、おばさんみたいな人になりたいんです。母は小さい頃亡くなりました。隣町だったので、おばさんにお会いすることはそんなに多くはなかったですが、街の皆の言うことを聞いてあげては、皆に感謝されているおばさんをずっと見てきました。そんなおばさんのような女の人になりたいし、おばさんの作ってくれたドレスを着て結婚式を挙げたいんです」

藍子は乙子に懇願した。

「やれやれ、買いかぶられたもんだね。あたしゃ、そんなに言ってもらえる女じゃないし、ウエディングドレスは縫ったこと、ないね…」

「いいんです。ウエディングドレス風で結構です。お願いします」

「乙子さん。私からもお願いしますよ」と医者。

「で、結婚式はいつかね」

「はい、半年後です」と藍子。

「…そんなに先ならできるかもしれないね。よし、わかったよ」

「ありがとうございます。おばさん」

医者と娘は帰って行った。80歳の乙子としては、少々気が重かったが、自分に声をかけてくれたことに、心から感謝した。

「あの人たちのおかげで、あたしゃ80歳の現役なんだね」そうつぶやく乙子だった。

数日後、大雨が降った。

「乙子さんよ、居るかい」

「誰だい。あたしゃ、ここに居るよ」

「でえじょぶかい。こんなぼろ家じゃ雨漏りするんじゃないかと思ってさ」大工が言った。

「昼間っからあたしの家に来るとは、あんたも、暇だね」

「こんな雨じゃ仕事にならねえよ」

「心配してくれてありがとよ。今のところ漏っちゃいないね」

「2階、見てきてやるよ」

「悪いね」

一通り点検した大工は、乙子から大福餅をもらって帰っていった。

それから1年後、乙子の体調に変化があらわれた。認知症状が出はじめた。頼まれた仕事を忘れた。1枚の注文に、2枚の着物を縫ってしまう。納品の日時を間違える。皆心配したが、それでも乙子は裁縫をやめなかった。死ぬまで縫う気だった。

「悪いね。迷惑をかけるよ。あたしゃ裁縫が好きなんだよ。助けておくれよ」

乙子は皆にそう言っては仕事を続けた。注文は減らなかった。介護保険のサービスも使うことにした。介護プランを作るケアマネジャーも、介護サービスのヘルパーもみんな顔見知りだった。

「あんたたちに助けてもらえるなら安心だよ」

乙子は何の心配もせずに世話になり、仕事を続けた。

梅が咲き、桜と続き、4月には藤が紫そして白の花をつけた。ボタンも見事に咲き、シャクナゲも競うように咲いた。そして6月、一晩、ユウスゲに見守られて、乙子は静かに旅立った。乙子の葬儀は、町じゅうあげてのお祭りのようだった。医者もその娘も会葬した。この上なく幸せな最期だった。

高齢期を生ききるということ

丙子は34歳のときに夕子を生んだ。丙子の唯一の子だった。夕子は父親を知らずに育った。丙子には結婚歴がないから、夕子は婚外子ということになる。夕子の父親は、夕子が生まれるとすぐに、30坪ほどの土地に建物を建て、それを丙子名義にした後に丙子のもとを去った。1000万円入った丙子名義の預金通帳と印鑑も置いていった。夕子が生まれたばかりの頃だから、夕子が父親を知るはずもなかった。その夕子には、先天性の知的障害があった。その後、丙子は、夕子と一緒に65年生きてきた。

丙子99歳、夕子65歳である。

夕子も18歳から街の工場で働いた。単純作業の一員だった。40年働いて退職した。退職直後に丙子が夕子に言った。

「夕子は58で辞めて良かったね」

「…」

夕子は何も言わなかった。丙子が気づいていたとしても、辞めた理由を言いたくはなかった。丙子には知られたくなかった。せっかく40年も隠してきたのだから。

夕子が定年を待たずに退職した理由は、心ないいやがらせだった。

「仕事がのろくて大迷惑だ」

「たいした仕事もせんのに、60まで勤めて退職金をせしめようとしているよ」

「ずいぶん教えてやったんだから、退職前にお礼ぐらいしてもらいたいもんだな」

心ない暴言はこれだけではなかった。知的障害を笑う人が少なくなかった。工場の裏で泣いたことは数知れなかった。しかし、決して母親の丙子には言わなかった。丙子が大好きだったから。唯一の肉親である母が大好きだった。悲しませたくなかった。

「お母さん、58で終わりにしたい」

「60まで勤めれば。退職金だって増えるでしょう」

「…」

「でも、あなたの好きにしていいよ」

退職直前の夕子と丙子の会話だ。

丙子は夕子に対し、自分の意見を押しつけることはしなかった。そんな母の姿勢が夕子を救ってきた。工場で頭がパニックになって帰ってきても、何も言わずに抱きしめてくれたのは丙子だった。すべてを受け入れてくれた母がいたから40年も勤めることができたと夕子は思っている。

そんな丙子が、アルツハイマー型認知症に罹患したとわかったのは、夕子が退職した年だった。記憶力が落ちていった。92歳という高齢のせいもあったのだろう。認知能力の低下は一気に進んだ。

99歳の丙子は3年前から特別養護老人ホームに入居している。全国でも職員の質が高いと評価を受けているこのホームでの生活は、丙子にとっても夕子にとっても快適なものだった。職員は親切だった。丙子が夕子のすべてを受け入れたように、丙子と夕子のすべてを受け入れてくれた。

しかし、いつまでも続いてほしいと夕子が願った快適な日々はすぐに失われた。99歳の誕生日が過ぎてから、丙子は食べ物を飲み込めなくなった。

夕子はホームの看護師から告げられた。

「お母様は、嚥下の力がなくなりました。食べ物を飲み込めなくなってしまいました。99歳までよく頑張って生きてこられました。私ども介護スタッフが申し上げられることは、このままの状態でお母様を見守っていくか、胃に小さな穴を開けて、そこから栄養を送り込んで延命いただくか、いずれかの対応しかなくなったということです。どちらを選ぶかを、夕子さんに決めていただき、ご指示いただきたいのです」

夕子に選択の迷いはなかった。母には生きていてほしかった。話さなくても、笑わなくても、その姿を夕子の前に見せてくれればそれだけでありがたかった。夕子は言った。

「胃に小さな穴を開けてあげてください」

丙子本人の考えも同じだと夕子には思えた。いや、思いたかった。65年、片時も離れずに生きてきた2人だ。一心同体の母子だった。かけがえのない存在だった。夕子のいのちを支えるいのちだった。そのいのちの限界を見せつけられることは、夕子にとってはたまらなかった。

丙子がホームに入居してから、夕子が面会に来なかった日はない。午前10時に来て午後4時に帰る。

丙子の胃ろうの手術の日が来た。しかし、手術はすんなりとは行かなかった。通常の体力であれば何でもない胃ろうの手術だったが、99歳の体力では辛い手術となった。術後に出血が続いた。それでも、丙子は、予定より1週間遅れでホームに帰宅した。

帰宅したその日から、チューブで直接胃に栄養がそそぎ込まれた。

夕子の訪問は続いた。そして、丙子は夕子のために生き切ろうとしている。

「いのちの完全燃焼ですね…」と職員がつぶやいた。

丙子は、100歳の誕生日の2週間前に亡くなった。夕子のために生き切った人生だった。

高齢者がほしいもの

丁子は84歳。どちらかといえば田舎に属する山間に建つ有料老人ホームに来て５年が過ぎた。すでに売却済みの自宅があったところからは車で１時間半はかかる。近いような遠いようなところだ。したがって、ご近所の方々が訪問することはない。弟が３人いるものの、数年に１度、末弟が訪ねるくらいで、他の２人が来訪したことはない。丁子に関わる人々は、ひとりを除き、施設の職員と、散歩に同行する在宅介護サービス事業所の職員だけだ。

「ひとりを除き」のひとりとは、丁子の成年後見人だ。定期訪問は月に１度。ただし、丁子自身に変化が起きるとすぐにやって来る。

五月晴れの土曜日、前触れなく後見人が訪ねてきた。後見人は丁子がこのホームに入居する前から丁子を支えてきた人だ。

ホームの玄関で、「こんにちは」と後見人が声をかけた。呼び鈴も押した。何の反応もない。ただ、入居者の歌声が聞こえる。土曜日は職員が少ないように後見人には思えた。

「こんにちは」と後見人。呼び鈴も押した。１分ほどして、看護師がドアを開けてくれた。

「こんにちは。ごめんなさい。丁子さんは散歩に行っておいでです。30分ほど経つでしょうか」と看護師は言った。

丁子のケアプランには、今年から週5回、90分の散歩付添のサービスが入った。これは、後見人の強い要請によるものだった。介護保険サービス外の有料サービスだ。全額自己負担である。足腰の丈夫な丁子は、散歩が好きだ。子どものいない丁子は、亡夫としばしばハイキングに出かけた。歩くことが得意と言ってもいい。

後見人は、「では、追いかけてみましょう」と言って出ていった。

30分ほどして、後見人が先に戻ってきた。

「見つかりませんでした。スーパーの喫茶コーナー、近くのお茶屋さん、いつもの場所を回ってみましたが…少し待たせてくださいな」

そう言うと、後見人はロビーのソファーに腰を沈めた。それからさらに30分して丁子が帰ってきた。ホームの手前50メートルほどをヘルパーと一緒にゆっくり歩いて来る姿が、後見人の目に留まった。ヘルパーは脇に寄り添うように付いて歩いている。丁子は道端の草を眺めたり、土塀を眺めたりして、ゆっくりゆっくり近づいてくる。

玄関を出た後見人が、「こんにちは」と声を掛けた。

「あら、まあ。ごぶさたしております」と丁子。

「ごぶさたいたしました。先月はおじゃまできず、申し訳ありませんでした」と後見人。

「お元気そうですこと」先月のことには触れずに丁子が言った。

「お変わりありませんか」と後見人。

これにも答えず、丁子が言った。「奥様、お元気ですか」

「はい」後見人が応じた。

話がかみ合わない。

「すこしスマートになられましたね」

これにも応じず、丁子が言った。

「はい、たくさん食べるので太って困ります」

「あははは」と丁子が笑ったが、かみ合ったどうかはわからなかった。

1時間以上も散歩をしてきた丁子だが、何か物足りなそうだと後見人には思えた。そこで、後見人は担当職員に尋ねた。

「行きつけの喫茶店にお誘いしても大丈夫でしょうか」

「ご本人が行くとおっしゃれば大丈夫ですよ」と担当職員は答えてくれた。

「丁子さん、コーヒー、飲みに行きませんか。今日はまだ召し上がっていないようですね。坂の上の喫茶店、何回か行ったところ」

間髪を入れず、「はい、まいりましょう」。嬉しそうな丁子の笑顔があった。話がかみ合った。

「ごちそういたしましょう」丁子が続けて言った。

後見人は担当職員に、職員さんの同行をお願いした。自分ひとりよりも、２人で付き添うほうが丁子には嬉しいはずだと確信していたからだった。幸い、休みであったにもかかわらずホームに来ていた若い女性職員が同行を承諾してくれた。

「では、丁子さん。コーヒーとケーキをいただきに３人で出かけましょう」

後見人はそう言うと、丁子の手を取って、立ちあがった。後見人は50歳を過ぎているが、丁子から見れば息子のような年齢だ。

喫茶店までは上り坂なので、後見人は職員に車の運転を依頼した。喫茶店は車なら5分ほどしかかからない場所にあったが、散歩を終えたばかりだ。車中、後見人は丁子の手を取ってさすった。女性としては大きめの手だ。前からわかっていたが、あらためて握ってみると大きいなあと後見人は思った。しかし、大きいとは言わなかった。

認知症が進行している丁子だったが、後見人の心を見抜いたように言った。

「私、手が大きいんですよ」と言って笑った。

「そうですか」後見人も笑った。

喫茶店は、かつて織物組合の倉庫だった建物を改築したものだ。蔵だから、守られているようで落ち着ける。

「こちらへどうぞ」

店員は老人ホームの方だと察知したようだった。常連ではないが、何度か訪ねた店だ。

「丁子さん。ケーキ、何にしましょうか。メニュー、どうぞ」と後見人。

「豆腐のプリン、ガトーショコラ、紅茶のシフォンケーキ、シュークリーム…」後見人がメニューを読み上げる。

「お豆腐のプリンにします」丁子が答えた。

職員はガトーショコラ、後見人はシフォンケーキを頼んだ。

３種類のお菓子がテーブルに並んだ。

「きれいですね。楽しいですね」丁子が声を弾ませた。

後見人が丁子の前のスプーンを取って言った。

「丁子さん、お口を開けてください。今日はサービスしましょう。少女に戻った気分で、あーん、してください」

突然のことに職員は驚き顔だ。自分で食事ができなくなった高齢者に一口ずつ食事を運ぶ姿は老人ホームでは日常の光景だ。しかし、自分で食べることのできる高齢者に「あーん」は見たことがなかった。

「遠慮なさらずに、あーん、どうぞ」後見人がまた言った。

「いいんですか…それでは…」と丁子が口を大きく開けた。豆腐のプリンが一口、丁子の口に入った。

「まあ、おいしい」丁子が笑った。

それでは、このシフォンケーキもどうぞ、と後見人が自分の前のケーキを一口、今度はフォークに軽く刺して丁子の口元に運んだ。

「どうぞ。あーん」と後見人。

「あはは…あーん」と言いながら丁子が口を開けた。

「おいしい」また言った。

「なんて楽しいんでしょう。今日はいい日ですね」

満面に笑みをたたえ、丁子が言った。声が少しだけ上ずっていた。

「丁子さんのご出身はどこでしたか」後見人が訪ねた。

「葛巻町です」すぐに返ってきた。完全にコミュニケーションができている。

「丁子さんは喫茶店の看板娘だったのでしょ」と後見人。

「あはは。そうそう」丁子は嬉しそうだ。

「そのコーヒー店に通ってこられたお医者様がいましたよね。お名前は何といわれましたか」

後見人が尋ねた。もちろん、後見人は知っていた。丁子と一緒に会葬した方だった。

「遠藤泰彦先生」すぐに丁子が答えた。ニコニコ顔だった。

40分ほどいただろうか、午後のコーヒーブレイクだ。丁子が久しぶりに故郷を思い浮かべた時間だった。

喫茶店を出るとき、３人で手をつないだ。もちろん丁子が真ん中だ。

「ほんとにいい日。毎日、こんなことがあればいいですね」丁子がまた言った。

後見人は職員とともにホームに戻った。

「では丁子さん。またお会いしましょう」と後見人が言うと、すぐに「ぜひそういたしましょう」と丁子が答えた。

後見人が立ち去る後ろ姿を、丁子は職員と共に玄関先で見送り、いつまでも手を振った。

高齢者にはその人が独占できる小さな幸せが必要だ。そして、高齢者を支える人々は、少しでも多く、その高齢者の歴史を知っていることが不可欠だと後見人は思った。

「自分の母親にもしたことのない、あーん、だった。とても喜んでもらえた。訪問客のない丁子さんだ。これからも支えていこう…人生の最期の最期が幸福でないなんて、そんな社会であってはならない」

そう思いながら、後見人はホームを後にした。

《資料編》

後見制度等について

成年後見人が高齢者の生活支援に役立つことは既に述べました。ここでは、成年後見人の役割を詳しくご説明しましょう。

Ⅰ　後見制度の概要

最初に後見制度の概要をご説明します。判断能力が低下した高齢者や、知的または精神の障害をお持ちの方の救済に絶大な力を発揮するものが後見制度です。

第１　後見制度の本旨について

判断能力の低減した成人がこれまで生き続けたことで獲得した尊厳や能力を保持し生き続ける権利を守る制度、これが後見制度です。高齢になっても、障害を持っても、敬意と共感を持ち合える社会作りのために後見制度は存在します。

民法８５８条は「成年被後見人の生活、療養看護及び財産の管理に関する事務を行うにあたっては、成年被後見人の意思を尊重し、かつ、その心身の状態及び生活の状況に配慮しなければならない」と定めています。

さて、後見制度には2種類あります。法定後見制度と任意後見制度です。法定後見に関しては民法の３条から21条、８３８条から８７６条の10、そして９７３条。任意後見に関しては全13条の任意後見契約に関する法律がそれぞれ根拠法規となります。しかし、任意後見人には、①本人がした法律行為に関する取消権がないこと、②精神保健福祉法の「保護者」の地位が与えられていないこと、③任意後見人の仕事が始まったあとで本人を代理する権限を追加できないこと、さらに④任意後見監督人の報酬を任意後見契約で決めることができないなどの欠陥があることから、後見制度の中心は法定後見制度だといえます。なお、後見人等の仕事は、財産管理及び身上看護という本人の生活全般の法的支援であることから、介護保険法、老人福祉法、精神保健福祉法、高齢者虐待防止、そして消費者契約法等の消費者救済法にも精通することが不可欠となっています。「後見人等」とは、後見人、保佐人、補助人、任意後見人の略称です。保佐人と補助人については後でご説明します。

第2　後見制度とは何ですか

1　本人が判断能力のあるうちに自分で後見人候補者を選ぶのが任意後見です。将来において任意後見人に何をしてほしいか、そしていかなる代理権を与えるかは契約書にして公証人に作成してもらわなければなりません。そうしないと任意後見契約とは認められず、任意後見契約に関する法律の適用がありません。公証人が作成した任意後見契約は法務局にて登記されることになります。それだけ厳重に管理すべきものだということですね。なお、死後の法的事務、例えば、葬儀、埋葬等を本人が依頼し、契約書に盛り込むことがありますが、それは任意後見契約の内容とはならず、民法の委任契約として扱われますので登記されることはありません。任意後見契約を任意後見人候補者と結んだ時点では、本人に判断能力の低下はありません。この時点では、将来において任意後見人になる者のことを任意後見受任者と呼びます。将来、本人の判断能力が低下した時点で、任意後見受任者は本人の住所地を管轄する家庭裁判所に任意後見監督人の選任の申立をすることになります。この任意後見人を監督する者が裁判所によって選任され、選任書が本人と任意後見人そして任意後見監督人に届いたのちに任意後見人の仕事が始まることになります。

2　本人の判断能力が低下したのちに利用する後見制度が法定後見です。これは本人の住所地を管轄する家庭裁判所に申し立てます。民法では、4親等内の血族と3親等内の姻族等のほか、本人にも申立権が与えられています。しかし、本人の申立は極めて稀かと思います。それらの申立人がいない場合、市区村長が申立を行うことができます（老人福祉法等）。法定後見には、判断能力の低下に合わせ、後見人（重度）、保佐人（中程度）、補助人（軽度）の３類型があります。法定後見のメリットは、後見人等選任後の本人の法律行為に関して後見人等に取消権が与えられることです。また、後見人と保佐人は、精神保健福祉法の「保護者」となり、本人が精神病院入院を必要とする場合に、医療保護入院の同意権を持ち、また精神保健福祉法が規定する義務を負います。なお、精神保健福祉法には、本人の行為に関する保護者の損害賠償義務までは規定がありません。

3　法定後見人になれない人は、破産者、訴訟を起こした人等です（民法８４７条）。

4　任意後見と法定後見ともに家庭裁判所が関与しますが、任意後見での関与は薄いものとなります。任意後見人は裁判所が選任していないこと、そして専門家である任意後見監督人が付いていることが理由です。法定後見でも、法定後見監督人、保佐監督人、補助監督人が付く場合がありますが、これは、後見人、保佐人、補助人が専門家でない場合がほとんどです。

5　次頁の表に成年後見人、保佐人、補助人、任意後見人の権限をまとめました（数字は条文）。

※任意後見人は「任意後見契約に関する法律」です。他は民法です。

	財産に関する代理権	同意権	取消権	監督人の同意権等	精神保健福祉法20条の保護者
成年後見人	○859	無効	○9	必要864、851	○
保佐人	付与の審判（876-4）	○13	○13	必要876-3Ⅱ	○
補助人	付与の審判（876-9）	○17	○17	必要876-8Ⅱ	×
任意後見人	契約にある代理権	×	×	×（7-1-3に注意）	×

（注）同意権とは、本人の法律行為を追認する権限のことです。成年後見人では「無効」となっていますが、本人は判断能力がないことが常の状況ですので、そもそも本人の法律行為は無効であり追認の余地がないという意味です。

（注）成年後見人、保佐人、補助人の各監督人の同意が必要な場面があります。民法の条文をご確認下さい。

（注）精神保健福祉法での医療保護入院は33条、保護者の賠償義務は規定なし。

第3　なぜ後見は必要なのですか

判断能力低下により財産管理援助や身上看護が必要になるからです。通帳や権利証の紛失や盗難を回避し、また悪徳商法から本人を守り、かつ、介護保険等の利用とチェックをしながら本人の生活の質を確保することになります。この財産管理と身上看護の仕事の基本は本人意思の尊重ということにあります。本人からその意思を直接確認できないことが少なくありませんが、その際には本人意思の推測が重要です。この推測のためには本人に関する様々な情報が不可欠となります。

第４　後見人が選任されると被後見人において失う資格がありますか

1　選挙権は失います（公職選挙法11条）。但し、法定後見人が付いている本人のみです。保佐、補助、任意後見では失うことはありません。任意後見人が付いている本人で、法定後見人が付いている本人の判断能力と同程度という方も多々おいでですが、法制度としては、任意後見人が付いている場合の本人は全員選挙権を失いません。これは法制度の問題点といえます。

2　印鑑証明書は発行されません。但し、法定後見人が付いている本人のみです。保佐、補助、任意後見では発行されます。任意後見には、判断能力低下の程度を問わず様々な方々がいます。従って、印鑑証明に関する管理は重要です。重度の低下がある場合、印鑑登録抹消が安全です。

3　会社の取締役になれません（会社法331条1項2号）。但し、法定後見人または保佐人が付いている本人のみです。しかし、実際は、重度の低下がある任意後見での本人が役員に就くことは問題があるでしょう。役員としての責任を問われかねません。

4　「日用品の購入その他日常生活に関する行為」はどなたの場合も法律的に有効です。

第5　保全手続について

後見人が選任される迄に財産を守る必要が生じたときの手だてが、本人の住所地管轄の家庭裁判所に申し立てる「保全手続」というものです。後見人等の選任の可能性が高く、かつ緊急性と必要性があれば数日で審判が出ます。

家事審判法15条の3、1項により3つの申立ができます。家事審判規則23条、30条、30条の8等が根拠法規です。

1　財産管理者の選任

財産管理者は、本人の財産を管理し、本人の看護に関する事項を本人の同居者や利害関係人に対し指示することができます。しかし、この指示には強制力はありません。また、財産処分権はなく、本人の法律行為を取り消す権限はありません。

財産管理者選任の申立は、後見・保佐・補助の開始の申立者が、後見・保佐・補助の開始の申立と合わせて行います（家庭裁判所の職権でも可）。財産管理者の選任だけを申し立てることはできません。財産管理者に財産処分権はありませんが、預金の払い出しと生活関連の支払いは可能です。財産確保のためであれば訴訟提起も可能です。

2　後見命令・保佐命令・補助命令

本人の法律行為に関する取消権の付与がこれです（保佐は民法13条2項の事項は不可で1項の事項のみ。補助は13条1項の事項でかつ補助申立での同意事項のみです。詳細は民法の条文をご覧ください）。

後見・保佐・補助の開始の申立者が申し立てます（職権では不可）。財産管理者の選任が前提です。財産管理者に取消権が付与されることになります。

3　権限外行為許可の申立

財産処分が可能となります（例＝施設や病院との入院契約、自宅売却等）。但し、この権限付与について裁判所の判断は慎重です。財産管理者のみが申し立てできます。

第6　後見人の職務

1　財産管理

①預貯金・株券・不動産登記済権利証の管理（自金庫、貸金庫）

②預貯金金利の付け替え
③自宅の管理・保全・処分（火災保険契約、庭木の剪定、近隣関係、売却処分、仲介業者選定）
④各種金員支払い（電気、ガス、水道、電話、ＮＨＫ、介護保険関係、弁当、税金）
⑤確定申告（年金１４０万円以上。但し、障害年金、遺族年金は非課税）
⑥ペイオフ対策（自己資本比率、不良債権比率、第三者評価、情報公開等のチェック）
⑦悪徳商法撃退（取消、交渉、回収、提訴）
⑧貸金の回収や損害賠償請求
⑨遺言書の作成補助（民法９７３条）
※注意すべきは、株式、投資信託、外国為替証拠金取引、金融商品先物取引、商品先物取引、国債、地方債など、元金保証のない財産運用を目的とする契約をする権限はありません。

2　身上看護

①介護保険に関する契約と契約内容の履行のチェック（ケアマネジャーの変更、ヘルパーの変更、サービス事業者の変更など）
※在宅の場合、ヘルパーへの栄養指導の有無のチェックとホームドクターとの意見交換は

重要
②介護保険における担当者会議（ケアカンファレンス）開催の要求と参加
※ケアプランのチェック（デイサービス利用のあり方含め）、各サービス提供担当者の連携の確認（ケアマネジャー、ヘルパー、看護師、医師）
③介護、健康の各保険証の管理、障害者手帳の管理
④有料老人ホームを含む施設のサービスチェック（行事や説明会への出席）
⑤地域福祉権利擁護事業の活用（この制度と後見制度とを併用することが認められつつあります）
⑥親族への説明と連携（入院中の援助に関する連携が特に重要）
⑦医療行為の同意権限はありませんが本人の意思を推測する中での医師との意見交換は重要です（診療契約や入院契約は可能です）
⑧薬のチェック（精神安定剤等の投薬に関する医師からの説明聴取）
⑨リハビリのチェック（リハビリの効果や必要性に関する関係者と意見交換）
⑩3か月という入院期限を踏まえ、その後の療養型介護施設や療養型医療施設の利用に関する交渉
⑪終末期の問題（延命行為に関する権限はありません。親族不在の場合、または虐待親族

しかいない場合には、本人意思を推測する中での医師との意見交換が重要です）

第7　成年後見制度に関連する福祉のしくみ

1　介護保険法

市町村への要介護認定の申請

(1)在宅では、地域包括支援センターまたは介護支援専門員（ケアマネジャー）が代行。

施設では、施設の担当者が代行。従って、要介護認定の申請は後見人の仕事としては重要ポイントではありません。

※要介護認定に必要な意見書を作成する主治医とは連携する意味があります。

(2)介護認定調査

認定調査の立会いが後見人の仕事としては重要です。在宅の方では、家族といえども全ては知らないからです。施設入所の方でも、よく知っているはずの施設職員といえども正確な事実を伝えない、形だけの立会いがありますので注意が必要です。

(3)ケアプラン作り

要介護1から5　↓在宅でも施設でもケアマネジャーと契約

要支援1、2　↓在宅でも施設でも地域包括支援センターと契約要介護の場合、ケアプラン作成前に、必ず「担当者会議（ケアカンファレンス）」を求めること。

要支援の場合、地域包括支援センターの主任ケアマネジャーと打ち合わせること。

6種類の地域密着型サービスなどもあるのでケアマネジャーとよく相談すること。
(4)担当者会議（ケアカンファレンス）の開催要求
少なくともケアマネジャーと、本人の状態に関する情報交換を日常化すること。なぜなら要介護度の見直しが必要な場面が必ず来ること、及び、一度立てたケアプランの適切さのチェックが必要な時期が来るので。
(5)広義の施設選び（介護保険上は介護老人福祉施設、介護老人保健施設、介護療養型医療施設）
施設変更はほぼ不可能と心得ることが重要です。なぜなら、移転による身体的・精神負担、そして、入所一時金の負担があるからです。
①市町村および地域包括支援センター、第三者評価、地域の評判、施設のＨＰなどからの情報収集が不可欠です。但し、「第三者評価」でも、評価者が評価対象事業者から評価代金を受け取る場合は注意が必要です。
②施設見学せずに選択することは危険です。

③本人の意思の尊重は最重要です。

(6)広義の施設と在宅介護サービスのチェック

①施設や自宅に訪問することでのチェック。

②有料老人ホームやグループホームにすでに入所している方が外部のデイサービスを利用することを検討しなければならない場合があります。

③施設や在宅介護サービス事業者から本人の状態の報告を定期的に受けることが有益です。

2　自立支援法

(1)3障害が対象

身体は後見制度の対象外です。判断能力の低下はないからです。従って、精神と知的のみが後見制度の対象です。親が健在なら、親が後見人等を受任するか専門家である第三者との共同後見が好ましいでしょう。親の判断能力に問題がある場合には第三者後見です。

(2)申請、障害程度区分の認定、そして、個別支援計画

※介護給付の申請　＝市町村職員、相談支援事業者に相談
主治医の意見書が必要　区分は6種類

※訓練等給付の申請＝市町村職員、相談支援事業者に相談

区分は点数化

自立支援制度に「ケアマネジャー」は不在です。「契約」でありながら市の職員がその代役を務めています。個別支援計画（ケアプラン）作成における意思疎通が重要です。

(3)金銭管理と生活設計

金銭管理は高齢者と同様ですが、生活設計の点で一般的に将来が長いことから注意を要します。保有資産の活用と障害者年金の管理。

(4)自立支援法における福祉サービス

5種類あります。

①介護給付　②訓練等給付　③自立支援医療　④補装具…国が2分の1負担（国の義務的経費）⑤地域生活支援事業…市町村が地域の特性や利用者の状況に応じて柔軟に実施する事業です。国の義務的経費負担がなく全額市町村負担のため、市町村で格差があります。重度障害者でない場合、措置の時代には「介護給付」に含まれていた「移動支援」が地域生活支援事業に移行したため、「移動支援」のない市町村が多出。地方の財政難が理由です。

3　医療

診療契約や入院契約は後見事務です。

すでに触れましたが、治療内容の決定、手術同意、現代医療において死が確実視される場合の延命の決定と延命の程度の決定については、後見人等に決定権限はありません。生命身体は一身専属的なものだからです。但し、親族不在の際は、本人意志を推測しつつ医師と意見交換すべきです。

4　死後の支援

法定相続人ないし祭祀承継者への連絡があります。相続人不存在の場合には相続財産管理人選任を家庭裁判所に請求します。家庭裁判所の後見係に事務報告をし、本人の相続財産を関係者に引き渡すと、これで後見事務は終了します。

葬儀、埋葬、墳墓の管理は後見人等の仕事ではなく、これを行う場合は、民法６９７条以下の事務管理ということになります。この事務管理では、実費請求は可能ですが、報酬請求はできません。任意後見人がこれらの仕事を契約で託されていた場合は委任契約の履行ということになります。

5　高齢者虐待防止法（障害者虐待防止法は未だ存在しません）

生命又は身体に重大な危険の発生の場合、法９条による「措置」となります。

老人福祉法による施設入所（処置といいます）

措置＝強制力を伴った行政処分行為（厚生労働省の従来の解釈）

成年後見制度の利用
老人福祉法32条で65歳以上は市町村長申立が可能
知的障害者福祉法28条で市町村長申立が可能
精神障害者福祉法51条の11の２で市町村長申立が可能
民法８８０条による扶養者の変更申立
緊急時は、家事審判法15条の３で扶養者変更に関する審判前の保全処分

Ⅱ　その他の情報

１　図書について

後見事務はかなりきめ細かな仕事ですので、詳細を記述した図書がおすすめです。

２　相談窓口について

各地の弁護士会では、高齢者障害者相談窓口を持っています。ご本人、ご家族、福祉関係者、そして行政のご担当者等のご相談をお受けしています。

各地の地域包括支援センターや地方自治体の高齢者在宅支援係では、当該事案を後見制度利用につなぐ橋渡しをしていただいていますので、そこから弁護士会や後見を専門とする弁護士を利用することが可能です。

村田光男（むらた みつお）

1951年生まれ。弁護士（東京弁護士会所属）。一般事件のほか、高齢者・障害者・子ども・消費者関係を専門とし、成年後見人を多数務める。立川市・国分寺市の介護保険運営協議会、立川市地域包括支援センター運営協議会、国分寺市の高齢者相談、福生市社会福祉協議会高齢者・市民相談、武蔵村山市社会福祉協議会高齢者相談、立川市・日野市・小平市・福生市の社会福祉協議会成年後見センターなどに関わる。ほかに立川市地域文化振興財団、立川市文化協会、立川市体育協会、東京ＴＡＭＡ音楽祭組織委員会など、文化関係の活動も多い。

【村田光男法律事務所】
190-0022　東京都立川市錦町6-20-17
ライオンズマンション立川408号
TEL 042-525-3265／FAX 042-525-6886
mail：nrb46716@nifty.com
http://homepage3.nifty.com/murata8080/index.htm

認知症の「私」が 考えること 感じること
——高齢者介護施設の現実と希望——

2011年5月22日　第1刷発行

著者　村田光男
イラスト　さとうそのこ
発行者　清水　定
発行所　株式会社けやき出版
190-0023　東京都立川市柴崎町3-9-6
TEL042-525-9909
FAX042-524-7736
http://www.keyaki-s.co.jp
DTP　ムーンライト工房
印刷所　株式会社平河工業社

ISBN 978-4-87751-440-2